Tuning Camion

Textes et photos
Xavier STÉFANIAK

*Cet ouvrage est dédié
à mes enfants,
mes parents,
mes amis.*

E-T-A-I
20, rue de la Saussière 92 641 Boulogne-Billancourt Cedex, France
Téléphone : 01 46 99 24 24 – Télécopie : 01 46 99 31 55
www.etai.fr.

Conception graphique : Karine Fougeray.

© E-T-A-I, 2009
Dépôt légal 1er semestre 2009
ISBN : 978-2-7268-8863-6
Imprimé en Chine

Sommaire

Avant-propos

À l'aube des années 1980, personne ne pouvait imaginer l'ampleur que prendrait le mouvement *custom truck*, camions décorés, non seulement en France mais partout dans le monde. La particularité de ce mouvement est l'identité de chaque pays. Ne dit-on pas "peinture à la française, flaming américain, flèches danoises ou feux norvégiens" ? En France, cette mode partie de Bretagne, ne présentait au départ que de "simples" décorations. Seuls quelques artifices lumineux et autres enjoliveurs en inox embellissaient les camions. Les accessoires tels que jantes chromées, pare-buffle, intérieur capitonné apparurent bien plus tard. Aujourd'hui, il n'est pas rare de découvrir des préparations aux budgets colossaux. Qu'ils soient sobres, élégants, démesurés, ces camions d'exception sont la plupart du temps le reflet de leur conducteur. Même les grandes compagnies et les flottes de grands groupes se laissent gagner par le virus du tuning sur camion. Les propriétaires de camions font appel aux meilleurs peintres, selliers et accessoiristes pour avoir LE projet ultime, qui fera date et entrera dans la légende des camions personnalisés. Aucune marque n'est épargnée. Les grands noms comme Scania, Peterbilt, Volvo, Kenworth dominent les plateaux d'exposition. Les manufactures telles que Daf, Freight-liner, Mercedes, Renault, Mack réussissent à exister en proposant des projets haut de gamme. Chaque année, l'attente est grande. Les tendances se dévoilent lors des premiers concours. La satisfaction d'avoir un camion sortant de l'ordinaire apporte une joie non dissimulée au chauffeur. Les enfants aiment à contempler ces fresques roulantes et les adultes ne sont pas indifférents à ce feu d'artifice de couleurs.

À travers cet ouvrage, une large sélection de camions de shows d'Europe et d'Amérique du nord vous permettra de vous faire une idée de la mode du moment.

Daf Super Space cab XF 480 ch

Chantal et Philippe Beau

Aujourd'hui, la majorité des tuners de camions ne conçoit plus un projet top niveau sans les trois éléments suivants : la peinture, les accessoires, l'intérieur. Les transports Beau, de Couhé dans la Vienne, l'ont bien compris. Pour la peinture, le décorateur est tout trouvé, puisque le Daf que vous avez sous les yeux est le sixième camion que l'artiste exécute pour le compte de la compagnie de Poitou-Charentes. Lorent, puisque c'est de lui dont il s'agit, aura passé une dizaine de jours pour réaliser cette reproduction du film *Ghost Rider*. Le rouge dégradé, pailleté et verni est imposé par Chantal et Philippe, les patrons de la société, et réalisé par le garage France poids lourds. Pour les motifs, le chauffeur a son mot à dire, chose rare de nos jours. Pour l'extérieur, ils sont allés encore plus loin. La face du Daf arbore un sculptural pare-buffle Trux, des rampes inférieure et supérieure accompagnées chacune de six phares longue portée, d'une discrète enseigne lumineuse et de multiples petits feux Hella. Les côtés de la fresque roulante présentent des barres de carénages, des échappements sur mesure de 180 mm, des marchepieds peints. De discrètes flammes apparaissent sur les flancs ainsi que sur les extrémités du pare-chocs avant. Quelques pas sont obligatoires pour constater l'étendue du travail effectué sur l'arrière. Le "cul" du camion est fermé grâce à une tôle. Une barre, ronde cette fois-ci, est posée sous les ailes et peinte en rouge. Le châssis est soigné avec l'intégration parfaite d'une plaque en alu strié rouge. Dix feux de remorques finissent l'éclairage sur toute la hauteur des déflecteurs. Maintenant, passons à l'intérieur pour voir ce qui s'y cache. Le cuir crème et l'alcantara bordeaux donnent à l'habitacle un réel raffinement. Les finitions sont coordonnées avec le reste puisque les éléments plastiques sont peints d'un crème marbré verni. Au rang des accessoires, c'est le top ! Volant Victor design, système home cinéma, écran LCD de 17 pouces, lecteur DVD et micro-ondes. Franchement, avec cette réalisation tout en nuance, ce bijou ne prête à aucune critique. L'expression "beau comme un camion" prend ici tout son sens.

Voilà un "bahut" imposant, tout de pourpre vêtu.

Trois mois auront été nécessaires pour arriver à ce résultat.

Pour une meilleure intégration, le pare-buffle est peint en bordeaux, comme le bas du camion.

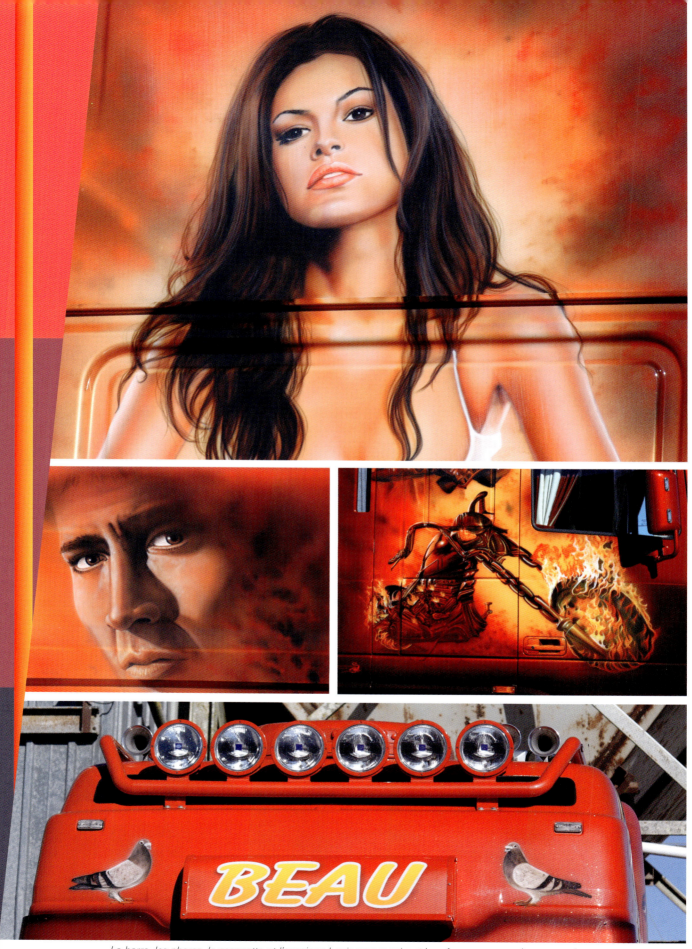

La barre, les phares, la casquette et l'enseigne lumineuse reçoivent le même rouge que la carrosserie.

Page de gauche, en haut.
Eva Mendes, ici dans le rôle
de Roxanne Simpson,
a été peinte sur l'arrière
du tracteur DAF.

Page de gauche, au milieu.
Nicolas Cage, alias
Johnny Blaze/Ghost Rider,
ainsi que sa moto,
figurent en bonne place
sur les flancs.

Ci-contre, de gauche à droite.
Blocs et bras de rétroviseurs
sont peints aussi en rouge pailleté.

À droite.
Une des tendances du moment
est à la peinture. Les accessoires
comme les marchepieds ou les barres
de feux n'y échappent pas.

Ci-dessous.
L'unique artisan de l'extérieur
et des innombrables accessoires, ACM.

De haut en bas.
Sortie d'échappement
de 180 mm. Notez qu'un
échappement identique
se trouve de l'autre côté.

Les barres de carénages
innovent ; elles deviennent
carrées.

Ce ne sont pas moins
de quatre-vingt-onze feux
qui ornent le tracteur.

Page de droite, de haut
en bas et de gauche à droite.
À part l'écran LCD 17 pouces,
l'habitacle dispose
d'un lecteur DVD
et d'un home cinéma.

Les éléments en plastique
sont peints d'un effet marbré,
le volant Victor design
arbore également
son lot de peinture.

Une tôle en alu strié peinte
en rouge recouvre le châssis.

Scania R 580 ch

Daniel Péricas

Au panthéon des bases éternelles, il y a Scania et les autres. Daniel Péricas aimant bien faire les choses, sa base de travail n'est autre qu'un Topline R 580. Comme pour tout projet qui se respecte, la teinte de fond est primordiale. Daniel choisit un vert métal nacré. La décoration est confiée à l'un des maîtres dans l'Hexagone, à savoir Thierry Gremillet. Notre "proprio" ne voulant pas faire comme tout le monde, le thème sera la famille, et plus particulièrement ses enfants. Pour ce qui est des accessoires, c'est la totale, même

si cela ne saute pas aux yeux. On débute par l'avant. La visibilité est omniprésente grâce aux neuf phares ajoutés sur deux superbes barres Inox. Les lettres au-dessus de la calandre sont avantageusement remplacées par des modèles eux aussi en Inox. Sur les côtés, c'est encore l'Inox au programme. Celui-ci apparaît sous la forme de marchepieds, de pots d'échappement de type side pipe trois sorties, mais aussi d'une magnifique plaque de châssis, sans oublier les indispensables jantes Alcoa polies. La partie arrière

n'est pas oubliée. Elle reçoit son lot d'Inox avec une tôle de fermeture de châssis, le doublement des blocs interfeux et un support de flexibles au pied de la cabine. L'intérieur est dans le ton, puisque Daniel recouvre bon nombre d'éléments de cuir vert. Pour plus d'intimité, les carreaux sont également teintés en vert. Cependant, comme vous l'avez remarqué, la priorité est donnée au look général du projet… C'est une affaire de goût ! Mais avouons que, côté look, son Scania est véritablement réussi.

Accessoires Inox associés à la teinte métal nacrée, le contraste opère.

Ci-dessus. Side pipe, marchepieds,
plaques de châssis, support de flexibles,
l'Inox est omniprésent sur l'arrière du camion.

Ci-contre. Le fond marbré
aide au rendu global du projet.

En bas à gauche. Les poignées de portes
sont peintes pour un meilleur rendu.

Ci-dessous.
Aucun élément n'a été oublié pour la peinture.

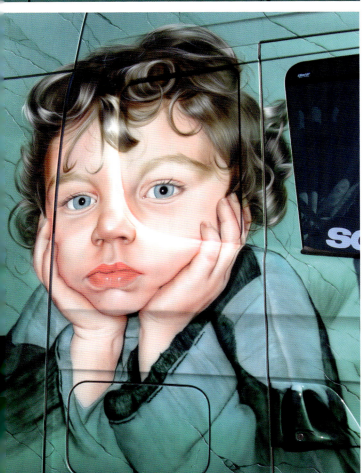

Les Deux Frères

Page de gauche.
Les "deux frères" réunis
sur la paroi arrière du Scania.

Ci-contre.
La peinture ton sur ton reste encore
marginale, dommage !

Ci-dessous.
Feux de stop doublés, side pipe
trois sorties, sans oublier
les vitres teintées en vert.

Kenwoth T2000

Franck Marival

Franck Marival, trente-deux ans, est un touche-à-tout. Après avoir roulé pendant six ans, il stoppe son activité pour plus de diversité dans son travail de tous les jours. Souhaitant faire honneur à son père (roulant depuis trente-deux ans) qu'il prend en exemple, Franck n'a cessé de travailler pour que celui-ci puisse finir de conduire dans la société de son fils. Notre ami décide donc de créer sa propre compagnie de transport il y a tout juste deux ans. N'ayant pas l'intention de rouler dans un camion banal, il s'offre tout de suite un T2000 d'occasion acheté chez American Trucker. Le T2000 importé du Québec est associé à un moteur Cat de 550 ch. Voulant une décoration jamais vue sur un camion,

il choisit, avec l'aide du peintre, le film *Terminator 3, le soulèvement des machines*. Pris dans l'engrenage du monde de la personnalisation roulante depuis un bon moment, il pousse le changement à l'extrême pour l'intérieur et les accessoires. L'extérieur est confié au très prometteur Julien, patron de la société Westline Custom, spécialisée dans l'accessoire sur mesure. Les échappements de 204 mm, le pare-buffle tout en rondeur, les multiples barres avec leurs feux Panelite à quatre leds ne sont que les éléments les plus visibles sur le camion. Les ailes arrière sont changées au profit de superbes ailes WTI. De petits éléments en Inox sont posés un peu partout sur le Kenworth. Pour n'en citer

que quelques-uns : la grille de bas de pare-brise, l'enseigne lumineuse, le pare-chocs arrière, mais surtout les tôles d'Inox verticales et horizontales rivetées sur les déflecteurs. Le cuir crème, l'alcantara bleu et le teck sont les matériaux principaux utilisés pour l'habitacle. Pour que les nuits hors du domicile paraissent moins longues, Franck dispose d'un écran plasma de 82 cm accompagné de la TNT et d'un home cinéma. Le confort est total avec un fax, un micro-ondes, un GPS. Assis sur le canapé ou sur les sièges de BMW M3, il peut jouir de toute cette technologie. Aujourd'hui, Franck compte quatre camions dans l'entreprise, et souhaite faire peindre les trois camions restants. Affaire à suivre.

Pare-buffle, side pipe trois sorties, enseigne lumineuse, les accessoires de type européen se marient bien avec la rondeur du T2000.

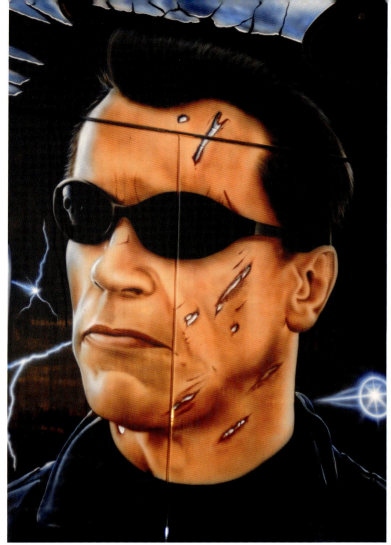

Ci-dessus.
Les parois des camions américains
avantagent les grandes décos.

Ci-desssous.
Les rivets ont disparu
sur le dernier des modèles Kenworth,
et c'est tant mieux.

En haut à droite.
Pour une meilleure intégration,
la grille d'aération est fondue
dans la déco.

Ci-contre.
Une valeur sûre : le noir et blanc.

Contour de phare, barre de feux et pare-buffle, l'Inox est maître sur ce Kenworth.

Un tube bleu multileds épouse le tour de la calandre.

À droite. Les échappements cathédrales de 204 mm, les ailes WTI et les feux Panelite ne sont pas étrangers au rendu final de l'engin.

À droite.
Pas moins de vingt-quatre feux rouges éclairent la paroi arrière.

Ci-dessous.
Des caches ornés de têtes de mort dissimulent les feux arrière.

De haut en bas
et de gauche à droite.
On retrouve l'esprit nautique
avec ces quatre coffres.
Notez les boutons de capitonnage
en faux cristal.
Placards, réfrigérateur,
système audio-vidéo,
le tout posé sur du cuir crème
et de l'alcantara bleu.
Prévu pour les bateaux,
le teck recouvre quant à lui
l'intégralité du plancher.

À droite, de haut en bas.
Détail de la paroi.

Terminator by night.

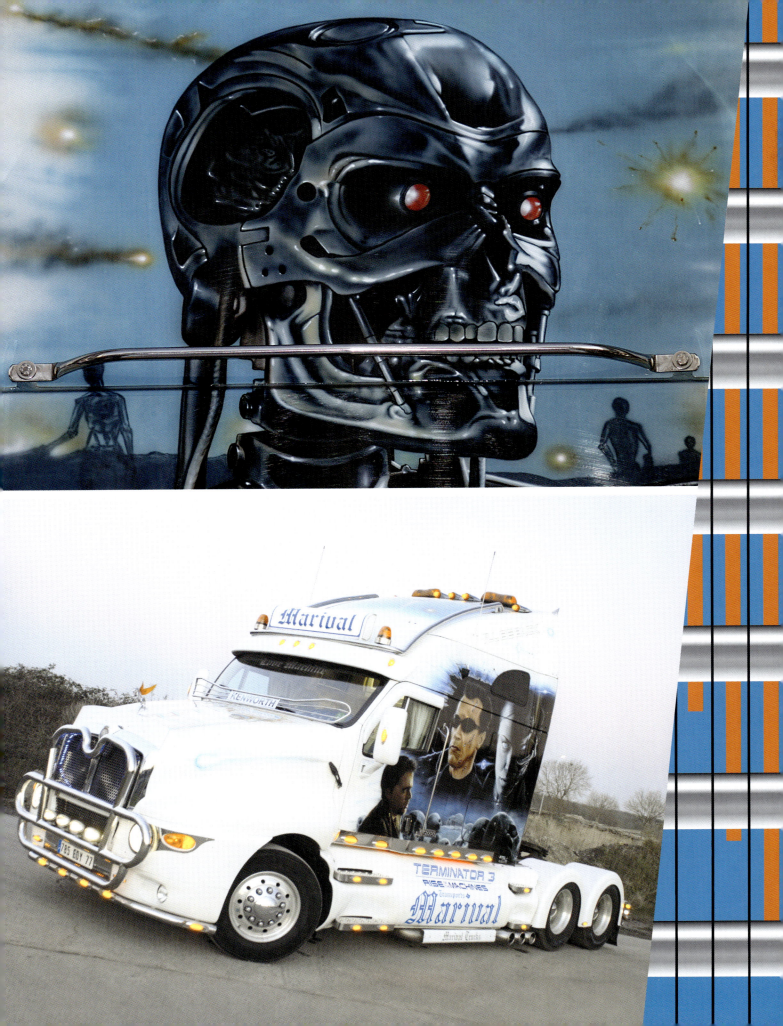

Scania T 580 ch

John Heros

Les Pays-Bas sont connus des amateurs de camions d'exception pour leurs motifs linéaires. Ce Scania T fait mentir les adorateurs de ce plat pays. John Heros n'est pas le premier venu, puisque les camions qu'il prépare sont généralement synonymes de bon goût et d'élégance. Sur cette préparation, l'essentiel se joue sur la peinture à la française, c'est-à-dire à l'aérographe. En détaillant le travail accompli sur la carrosserie, on remarque la dominante de fond bleu métallisé. Pour casser un peu cette masse, l'avant du capot est d'un violet également métallisé. La décoration fait la part belle aux dragons. Mis à part ces monstres ailés, la personnalisation se distingue également par des magiciens, des fées et des châteaux médiévaux. John voulait aussi inclure ses deux filles dans cette fresque. La première, en sorcière, se trouve sur le capot, la seconde, sous la forme d'un elfe, côté conducteur. Le plus de cette réalisation, ce sont les allusions à la marque au griffon. Ici les insignes Scania, Vabis ou les deux réunis se fondent à merveille dans cette reproduction fantastique. Pour les accessoires, notre Hollandais a sélectionné l'Inox. Celui-ci se produit fièrement dans les expos avec un pare-chocs arrière, de magnifiques protections d'échappements avec découpe de dragons au laser, des barres rondes avec feux intégrés sous les carénages et le pare-chocs avant, mais aussi une visière de conception artisanale et une barre supérieure avec six phares longue portée et deux gyrophares. La conclusion peut paraître facile, mais le doute n'est plus permis, ce Scania est un véritable "monstre".

Ci-dessus.
Seuls les marchepieds sont d'origine
sur cette réalisation hollandaise.

Ci-contre.
La plus grande des filles de John
est représentée en sorcière sur le capot.

Page de gauche en haut.
La seconde fille de John
prend les traits d'un elfe ;
notez les boucles d'oreilles.

Page de gauche en bas.
Les rétroviseurs nous gratifient
de griffons Scania.

Ci-contre.
Les bulles de portières,
la barre de phares
et les moyeux ont également
eu droit à la peinture.

En bas à gauche.
Parfait trompe-l'œil
avec cette prise d'air factice.

Ci-dessous.
Pas moins de douze dragons
sont peints sur ce Scania.

Ci-dessus, ci-contre et ci-dessous.
Les dragons règnent en maîtres
aux quatre coins du Scania.

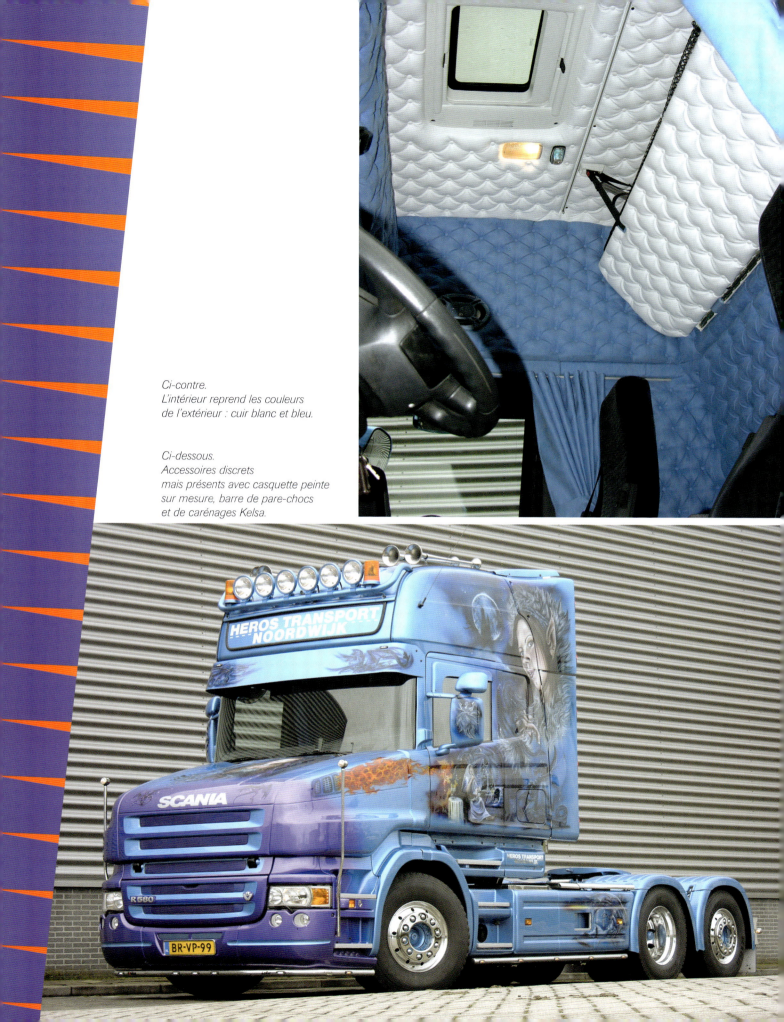

Ci-contre.
L'intérieur reprend les couleurs
de l'extérieur : cuir blanc et bleu.

Ci-dessous.
Accessoires discrets
mais présents avec casquette peinte
sur mesure, barre de pare-chocs
et de carénages Kelsa.

Ci-contre.
L'arrière du camion est resté volontairement sombre pour un meilleur contraste.

En bas.
Les grilles de protection d'échappements arborent de magnifiques dragons découpés au laser.

Ci-dessous.
Le griffon Scania est légendaire en Europe.

Renault Magnum 480 ch

Benoît Cailloux

Sans entrer dans la catégorie des camions abondamment personnalisés, puisqu'il est avant tout un authentique outil de travail, le Renault Magnum 480 ch de Benoît Cailloux n'en est pas moins aux yeux de notre ami un engin parfaitement capable de s'aligner dans un "truck show". Un petit historique des étapes pour arriver à ce résultat s'impose. D'après les dires de la maman de Benoît, quand il était petit, lorsqu'il pleurait, ses parents le mettaient sur le bord de la route nationale qui longeait la maison familiale. Il pouvait y passer plusieurs heures sans rien dire à contempler les camions de l'époque. Ces cow-

boys des temps modernes n'ont depuis cessé de le fasciner par leur autonomie et leur liberté. Le flash du camion de ses rêves viendra à la sortie du Berliet TR 350. Nous sommes en 1978 et Benoît a douze ans. De nos jours, même si notre fan de Renault aime tous les beaux camions, le Centaure reste son modèle préféré. C'est pourquoi, après s'être fait la main chez un transporteur, lorsqu'il s'est mis à son compte, l'achat de son véhicule neuf est apparu comme une évidence. La livrée de son compagnon de route sera gris souris métal. Pour les options, rien ne manque. Étant toutefois un éternel insatisfait,

et n'aimant pas rouler dans un camion d'origine, il saute le pas en l'équipant chez ACM. L'intérieur, lui, sera griffé K et D. Voulant rester dans des couleurs proches de celle de l'extérieur, il choisit de faire prédominer le cuir anthracite et l'alcantara gris souris. Les plastiques et les rideaux électriques peints par son beau-frère Pascal sont dans les mêmes tons que ces deux matériaux. Le marquage, les tôles couvrant le châssis et le pare-chocs sont l'œuvre d'amis d'enfance de Benoît. Lequel voulait, par cette réalisation, prouver que l'on peut réussir un beau tuning et rouler différemment.

Tous les éléments en plastique noir ont été peints du même gris que la carrosserie : ailes, rétroviseurs, lumières.

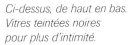

*Ci-dessus, de haut en bas.
Vitres teintées noires
pour plus d'intimité.*

*Le pare-chocs arrière est fait "maison"
et des feux ronds à leds remplacent
les blocs d'origine.*

*Pour plus d'originalité, Benoît a choisi
six phares longue portée rectangulaires.*

*À droite, de haut en bas.
Les tubes d'échappement ont
un diamètre plus que respectable :
ils mesurent 160 mm.*

Marquage à l'américaine sur les portes.

Page de droite.
L'intérieur est un savant mélange
de cuir, de velours, d'alcantara
et de peinture.

Ci-contre.
L'Inox et le gris argent métal
se marient à merveille.

Ci-dessus.
Le surnom du camion avec
au-dessus une superbe
barre de Renault Vega.

Ci-dessous.
La calandre, les barres et les lamelles
sous la cabine sont elles aussi en Inox.

Scania T 480 ch

David Vallière

Après l'arrêt de la production par Scania du modèle T, cette configuration est très recherchée par les patrons chauffeurs qui aiment la marque au griffon. À la tête d'une flotte de dix camions essen-

tiellement siglée Scania, notre passionné voulait rouler différent. Après s'être essayé sur une première version noir et chrome de son camion, il se lance dans une refonte importante de ce dernier. Soucieux d'obtenir un résultat à la hauteur de ses espérances, David décide de faire personnaliser le Scania chez le spécialiste ACM. Le cocktail s'avère payant, car l'alchimie semble parfaite pour un lifting de ce calibre. La peinture de fond noir verni plaisant à notre ami, il décide de conserver cette couleur et d'y ajouter quelques arabesques et motifs peints à l'aérographe. Le thème sera *Star Wars, la menace fantôme*. C'est le cliché du "gentil qui devient méchant" qui a plu à David. Tout est réalisé

sur mesure : les coffres latéraux, le pare-chocs arrière et la tôle recouvrant le châssis. Pour lui donner un look encore plus exclusif, David pose une casquette de Streamline et une rampe supérieure accompagnée de six phares longue portée. La douce mélodie du V8 est distillée *via* six échappements latéraux réalisés sur mesure. Pour être à 100 % dans l'ambiance, il ne manque plus que la musique de John Williams.

Page de gauche.
Tout ce qui a pu être peint l'a été, sauf les poignées de coffres.

Page de droite.
Le coffre sous le châssis, entièrement en alu strié noir, s'avère très pratique.

La casquette de Streamline série 3 se marie parfaitement avec la série 4.

En haut. Les boomerangs suédois gris se fondent idéalement sur une teinte comme le noir.

Ci-dessus. La plaque d'immatriculation se retrouve derrière le pare-brise ; original mais pas sûr que la maréchaussée apprécie.

Au milieu, à droite. Dark Vador veille sur le Scania des deux côtés de la cabine.

Ci-contre. Les jantes sont également peintes en noir : effet garanti.

Page de droite, en haut à gauche. Bien vu, le casque de Dark Vador derrière le pare-brise.

En haut à droite. L'intégration des marchepieds est parfaite sur ces nouveaux carénages signés ACM.

En bas. La nuit tombée, le noir du camion et les multiples feux ressortent à merveille.

Scania 164 480 ch

Klein et fils

La société Klein et fils, d'Ingwiller dans le Bas-Rhin, s'est spécialisée dans le transport en Tautliner. Ce transporteur débute en 1930 en… charrette. Puis, en 1933, le premier camion arrive sous la forme d'un Saurer 5AD. C'est en 1979 que le premier Scania débarque dans la cour. C'est un 141 moteur V8. Depuis, la société est toujours restée fidèle à la marque suédoise. Aujourd'hui, pas moins de seize ensembles composent le parc de l'entreprise familiale, et tous sont des V8. Une majorité du personnel est rattachée par des liens de parenté. Cela permet de fidéliser les chauffeurs, qui ont aussi l'opportunité de faire des changements sur les camions qui leur sont attribués. Au final, chaque camion garde les couleurs de la compagnie tout en étant différent. Après avoir écumé nombre de concours au Benelux et en Scandinavie, Christophe réalise lui-même la liste des équipements qu'il veut sur son compagnon de tous les jours. C'est encore chez ACM que notre ami se rend. Sacha, le patron, le prend pour un fou lorsqu'il voit l'étendue des changements à effectuer. Mais qu'à cela ne tienne, l'engagement est pris. Pour commencer, des éléments sur mesure sont réalisés pour cacher le dessous de la remorque. Des coffres de rangement sont disposés çà et là avec une parfaite intégration. Les flancs du tracteur et de

Ci-dessous.
Une sortie d'échappement de 22 cm.

Ci-contre.
Le travail considérable de peinture assure un rendu exceptionnel.

la semi sont en accord parfait. Le raccord est assuré *via* les trois couleurs de l'entreprise : bleu, blanc et rouge. Cela ne s'invente pas ! La partie arrière de la semi-remorque est à la hauteur du reste, hors normes. Ce ne sont pas moins de trente-quatre feux de gabarit qui sont posés sur le haut de la semi. Pour le bas, des feux carrés norvégiens ornent le pare-chocs. Passons au tracteur. L'avant est méconnaissable avec la pose d'un pare-buffle Trux, une visière de Scania série 3 et une barre supérieure accompagnée de ses six phares longue portée. Des carénages et des barres avec feux remplissent l'empattement. Unique en Europe, le diamètre de l'échappement est de 22 cm. La paroi arrière du Scania n'est pas laissée à l'abandon puisque de superbes tôles ferment les deux côtés. Une enseigne lumineuse complète le haut de la cabine. L'habitacle, sans être transformé, reçoit néanmoins du similicuir blanc cassé et bleu sur toutes les parties recouvrables. Le sol est quant à lui en parquet verni. À sa sortie des ateliers belges, l'ensemble est méconnaissable. À chaque arrêt du camion, la fierté de Christophe de posséder un camion hors du commun se fait sentir. Peu de camions peuvent se vanter de marquer l'histoire des camions "décorés" en France, mais une chose est certaine, ce sera le cas de celui de Christophe.

Ci-dessus. L'effet ruban était très répandu dans les années 1980-1990.

Ci-dessous. Malgré les apparences, ce camion est bien français, mais il rend hommage au pays de Scania.

Ci-contre. Les indémodables "flèches danoises" trônent en haut du tracteur.

Ci-dessous. Totalement homogène, l'arrière de la remorque. Notez les trente-quatre feux de gabarit en haut de celle-ci.

Ci-dessus. Ces éclairs terminent la décoration linéaire qui court le long de l'ensemble.

À gauche au milieu.
Les coffrages ajustés sur la fin du châssis sont magnifiques.

Ci-contre.
En toute logique, le porte-flexibles reprend les couleurs rouge et bleu.

"La bête" by night, tout feux allumés.

L'éclairage des marchepieds est double.

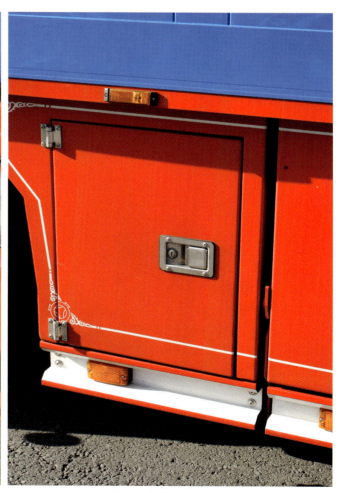

L'un des nombreux coffres installés sur l'ensemble.

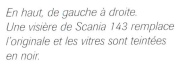

En haut, de gauche à droite.
Une visière de Scania 143 remplace
l'originale et les vitres sont teintées
en noir.

Des feux de gabarit de Scania 142
sont posés sur la rehausse.

Le sol est à présent en parquet.

Ci-dessus. Tableau de bord peint,
capot moteur et sièges en simili blanc
cassé. Notez les fonds de compteurs
personnalisés.

À droite au milieu.
La seule décoration à l'aérographe se
trouve sur la paroi arrière du tracteur.

À droite en bas.
Les déflecteurs sont fermés grâce
à une tôle. Bien vu, l'adhésif tribal !

Volvo FH 610 ch

Alexandre Chevalier

Ce superbe Volvo est la propriété d'un patron chauffeur. Pour éviter la monotonie parfois rencontrée sur la route, Alexandre Chevalier fait honneur à ses ancêtres avec cette superbe peinture sur fond métal bleu. Le thème : la terre de ses aïeux. Le choix du peintre était une évidence pour notre passionné : ATG décors, également connu sous le nom de Thierry Gremillet. Son grand-père figure en bonne place puisqu'il orne le côté conducteur du véhicule. Pour le côté droit, une brave dame bien volontaire nous prouve par cette reproduction que la

vie n'était pas facile tous les jours. Les deux décorations se rejoignent avec une fresque représentant un village et des paysans au travail. Pour finir le chapitre peinture, l'arrière reprend une teinte propre à l'ancien, le noir et blanc. Quelle que soit la couleur de fond choisie, le résultat est toujours au rendez-vous.

Pour les accessoires, Alex a fait confiance au spécialiste belge ACM. Le sur-mesure, il n'y a que cela de vrai. Les barres de toit et de calandre, d'autres sous le pare-chocs et les carénages, le pare-chocs arrière et la tôle

de châssis ne sont que quelques accessoires parmi une longue liste. Un véritable projet se doit d'avoir un intérieur haut de gamme. Le sellier fut tout trouvé avec les ateliers Espace Sellerie 3000. Tout, absolument tout, est passé entre les mains de nos experts. Ce qui ne peut pas être recouvert de cuir vanille et d'alcantara turquoise est peint de la même couleur que les deux matériaux précédemment cités. Alexandre peut être fier de son deuxième camion et cela se justifie, car le résultat est vraiment impressionnant.

C'est la terre de ses ancêtres et plus particulièrement un portrait de son grand-père qui orne le camion d'Alexandre Chevalier. Le chrome est par ailleurs bien représenté et parfaitement choisi.

Ci-dessus.
Joli mélange de teintes chaudes et froides. Les observateurs remarqueront les poignées siglées FH16.

En haut à droite.
Cuir beige, alcantara turquoise et havane, quelle distinction !

Ci-contre à droite.
Des boiseries sur le tableau de bord pour finir convenablement l'habitacle.

Ci-dessus. Pare-chocs ACM en Inox,
notez le be cool peint du même ton que la caisse.

Ci-contre à gauche.
Les moyeux de roues sont peints de la couleur du camion.

En haut à gauche.
Rampes de phares supérieure et inférieure, tube en Inox
avec feux blancs intégrés, l'avant est homogène.

En haut à droite.
Pour rester dans la légalité,
les feux Panelite sont orange sur les côtés.

Les accessoires sont bien mis en valeur sur ce FH : barres, pare-chocs, support de flexibles, rampes…

Scania P 270 ch

Alain Marc

Le tuning n'est pas toujours empreint d'agressivité extrême. Les projets sobres existent, mais ce n'est pas si simple… Le mariage du fuchsia et de l'orange peut pourtant faire recette. Pour le thème, ce sera la Camargue, avec ses taureaux de combat et ses traditions. Débutons par la cabine. Le côté passager met en avant une jeune femme à l'épaule dévêtue et au charme certain. Le côté opposé met en scène une maison typique ainsi qu'un plan d'eau avec une barque. Les deux décorations se rejoignent avec un dégradé orangé. Sur la caisse frigorifique, les gardians se chargent de mener le troupeau sous les yeux d'une belle camarguaise sur le côté droit, tandis qu'à gauche, des cavaliers montent des chevaux accompagnés de taureaux, mais cette fois sous le regard d'une formation de flamants roses. L'arrière du porteur n'est pas laissé d'origine, bien au contraire, les portes se parent d'une tête de taureau sur fond de Camargue. Pour les accessoires, seules des jantes Alcoa chromées et une barre X-light viennent enjoliver ce porteur. La réalisation de ce joyau aura nécessité trois mois de travail. Pour conclure, peu importe que l'on aime ou non, le principal est de retenir l'attention. Pas de problème, ça marche.

Ci-dessous et à droite.
Il fallait oser cette teinte dans ce corps de métier, c'est pourtant un sans-faute. La barre Inox, les quatre Luminator chromés, les jantes larges Alcoa et les carénages, ont été montés sur ce Scania.

Page de gauche.
La partie arrière du porteur
est superbement décorée
avec un taureau et un magnifique
couché de soleil.

Ci-contre.
La cabine arbore un paysage
typiquement camarguais.

Ci-dessous.
La croix de Camargue trône en
bonne place sur les rétroviseurs.

En bas à gauche et à droite.
La peinture à l'aérographe
s'est attaquée aux carénages
avec réussite.

Daf 95 Space Cab 470 ch

Érik Lizak

À tout juste quarante ans et pour son premier camion décoré, Érik Lizak a su rester raisonnable. Amateur aguerri de la marque hollandaise Daf, il jette son dévolu sur un modèle Space Cab de la série 95. Pour ceux qui connaissent Érik, c'est une évidence, puisque le garage Daf Carnot P.L. à Argenteuil, c'est lui. La fibre camion ne lui est pas venue du jour au lendemain : son père était mécano poids lourds. Il était donc facile pour Érik de suivre la voie qu'il lui avait tracée. Donc pas de transformations extrêmes comme sur les "mille-pattes" d'outre-Atlantique, mais une jolie décoration familiale où se rejoignent ses filles, Laura et Marie. Pour accompagner les deux fillettes, Érik a

fait réaliser des chevaux, qu'elles aiment beaucoup. Notre ami n'est pas homme à se contenter d'un seul camion. Sa passion étant la mécanique, Érik possède trois autres camions. Un Daf FA 1900 de 1962, un Scania 110 à capot et surtout un sublime GMC CCW 352 de 1943. Avec ce dernier, notre fan participe aux événements commémoratifs. Une bien belle histoire est arrivée à notre amateur de belles mécaniques. Lors du soixantième anniversaire de la libération de Sainte-Mère-Église, un vétéran américain de la guerre de 1939-1945 se présente à Érik en lui disant qu'il conduisait le même camion lors du débarquement de Normandie. Avec la gentillesse qui le caractérise, Érik lui laisse le volant pour

cette fête du souvenir. Nos deux protagonistes terminent avec des trémolos dans la voix et les yeux remplis de larmes d'émotion.

Encore une réussite, cette déco d'ATG décors.

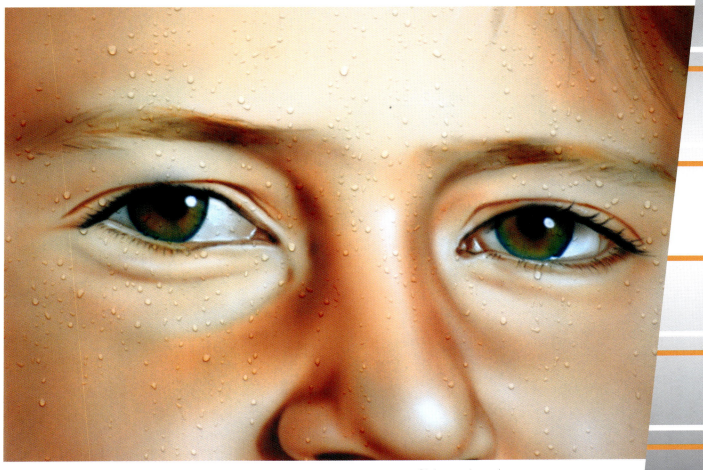

Page de gauche, en haut.
Laura, la plus jeune des filles d'Érik, à quatre ans.

Page de gauche, en bas.
Les barres sous les carénages abaissent l'aspect du camion.

Ci-dessous à gauche.
Notez la finition des poignées de portes.

Ci-dessous à droite.
Incroyable de réalisme, cette paroi arrière du Daf.

Ci-dessus, à gauche.
Les rétros d'origine ont été
changés au profit
de modèles 105 plus récents.

Ci-contre.
Les optiques ont également
été remplacés par ceux
du Daf 105 phase 2.

Page de droite en haut.
Le pare-chocs et les feux norvégiens
sont à la mode dans les expos
hexagonales.

Page de droite en bas.
Une caméra miniature remplace
le rétroviseur d'accostage.

Rampes de quatre phares
sur la casquette et sur la calandre
et mires de cabine. Les accessoires
sont bien choisis.

Scania R 500 ch

Alban Helleux

La magie d'une personnalisation, c'est de placer des éléments spécifiques dans les règles de l'art suivant une ou plusieurs tendances. À la fois sobre, cohérent et moderne, le Scania R 500 d'Alban adopte un look résolument racing. Commençons par la face avant qui se compose désormais d'une visière ACM. Celle-ci adopte une série de quatre phares longue portée auxquels s'ajoutent quatre feux de gabarit orange. Nous retrouvons également quatre phares dans la calandre, qui a été découpée pour que l'intégration soit parfaite. Pour finir, Alban peint les grilles d'aération en noir pour un meilleur contraste et pose des bavettes Stiholt. Pour les flancs, le travail s'est concentré sur la réalisation de carénages sur mesure. L'effet de sol est bien visible, puisqu'ils ne sont qu'à quelques centimètres du bitume. Cela donne un rendu trapu au camion. Autre changement qui saute aux yeux : les jantes recouvertes de noir. Des enjoliveurs blancs prennent place pour casser un peu cette masse sombre que pourraient représenter jantes et pneus. Quelques mètres de plus et nous passons à l'arrière. Le pare-chocs n'est plus à présenter, puisqu'il s'agit du best-seller d'ACM. La pose de feux norvégiens rouges et blancs est superbe. Une tôle de châssis en alu strié est ajoutée pour cacher tous les organes du Scania. Le tout est recouvert d'un blanc pur et de fins filets sont disposés avec parcimonie

pour faire ressortir les pièces essentielles. Esprit racing oblige, l'habitacle est entièrement revisité. Équipé de sièges en cuir noir Recaro, il fait sentir la tendance haute compétition. Alban reste dans le contraste, puisqu'il fait recouvrir de cuir ou de peinture blanche la presque totalité du poste de conduite. De sublimes pièces de carbone viennent finir d'embellir l'intérieur. Pas de doute possible, ce Scania a bénéficié d'un traitement de perfectionniste.

Ci-dessous.
Le blanc et le noir procurent
une touche racing indéniable.

Page de droite.
Des insignes Scania autocollants
sont apposés sur les quatre moyeux.

Ci-contre à gauche.
L'intérieur reprend les teintes
extérieures. Notez le volant Scania-
Vabis, mais aussi les sièges baquets.

Ci-dessous au milieu.
Les panneaux de portes
sont en carbone.

Ci-dessous en bas.
L'intégration des phares dans la
calandre est dans le pur esprit racing,
et les filets noirs donnent
de la profondeur à celle-ci.

Page de droite, en haut à gauche.
Les carénages sont sur mesure
et lisses. Notez le filet noir
pour casser cette masse blanche
et l'échappement reculé.

En haut à droite.
Les marchepieds sont peints en noir.

Au milieu.
Les jantes noires ne sont pas pour
rien dans l'aspect agressif de l'engin.

En bas.
L'enseigne lumineuse et les flèches
sont les deux accessoires de type
scandinave par excellence.

Volvo FH 500 ch

Guy Guérin

Extrême : adjectif, du latin *extremus,* qui est au degré le plus intense, au point le plus élevé. Côté pratique, nous avons affaire au top avec cet ensemble. Un Volvo force toujours le respect, mais, quand celui-ci déboule, tout le monde s'écarte et admire. Cette fresque d'une qualité rare fourmille de petits détails. Débutons par le tracteur. La priorité a été donnée à la peinture. Néanmoins, quelques artifices en Inox finissent magnifiquement le camion. Les tours de calandre et de phares, les traditionnelles barres supérieure et inférieure, sans oublier celles sous les carénages et le pare-chocs, les enjoliveurs de roues sont les accessoires plébiscités par Guy. Pour finir, deux superbes feux de type "cigare" sont posés de chaque côté de la rehausse. Parlons un peu de la peinture. Gloire est rendue aux félins avec un lionceau et un tigre sur les portières. Deux jolies brunes viennent féminiser le tracteur. Pour l'arrière et les carénages, la priorité est donnée

une fois encore aux gros félins. Impossible de passer à côté de l'habitacle, où la part belle est faite au cuir et à l'alcantara fauve. De fausses peaux de léopard se mêlent à cet intérieur qui ne manque pas de caractère. Plutôt connu dans le monde de la sellerie automobile, Superb'sellerie réalise ici un coup de maître. Un peu de recul est nécessaire pour admirer la remorque. Côté passager, c'est l'Asie qui a été sélectionnée. Nous pouvons apercevoir les animaux caractéristiques de cette partie du monde : tigre, panda et ara. Le côté opposé nous gratifie d'une scène africaine : la savane avec tous ses animaux sauvages tels que girafes, éléphants et léopards. Pour finir cette œuvre magnifique, l'arrière est à la hauteur du reste de l'ensemble. Cela demeure *light* pour les accessoires, avec une barre en Inox. Particularités sur cette partie de la semi, les crémones peintes : unique. À noter que, pour arriver à ce résultat radical, six mois de travail auront été nécessaires.

En haut.
Un look et une finition hors du
commun, qui marqueront les esprits.

Ci-contre, de gauche à droite.
Alcantara, cuir, fausse peau de
léopard, peinture à l'aérographe
et broderies, rien ne manque
dans cet intérieur "ultra-classieux".

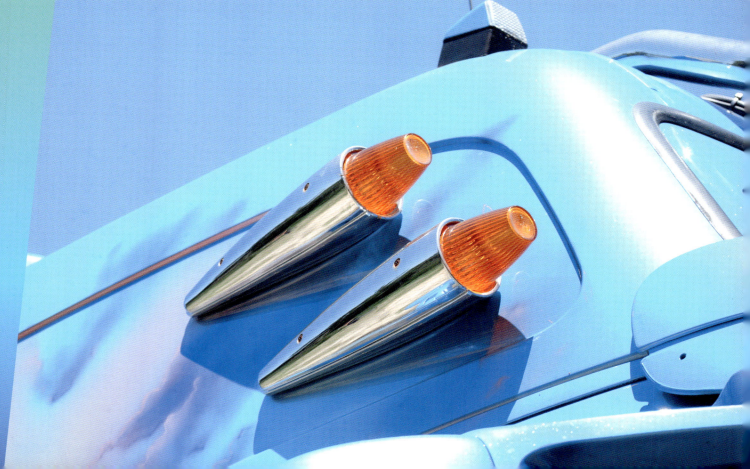

Ci-dessus. L'habillage du groupe frigorifique est lui aussi décoré.

Ci-contre. Le réservoir du be cool est peint. Notez les feux de remorque sur les tranches des déflecteurs.

En bas. Les barres de carénages passent inaperçues, pourtant elles sont bien là.

Page de gauche.
En haut à gauche. Les coffres à palettes ne se voient plus grâce à la décoration.

En haut à droite. La paroi arrière du tracteur rend hommage au roi des animaux.

En bas.
Les feux américains type "cigare" sont rares sur les camions européens. Ici, il y en a deux de chaque côté.

Ci-contre. L'éternelle touche féminine se retrouve de chaque côté du Volvo.

Ci-dessous. Les marchepieds sont en Inox.

En bas.
À peine visible, la totalité du vernis de l'ensemble est pailletée.

Page de droite.
En haut à gauche. Rampes haute et basse, spoiler et huit Luminator chromés, il n'en faut pas plus.

En haut à droite. Énorme travail de peinture sur les poignées de portes.

En bas à droite. Alors que l'Asie est évoquée sur le côté passager, c'est l'Afrique qui a été retenue pour le côté conducteur. L'ensemble arbore des enjoliveurs de roues en Inox.

Scania R 500

Laurent Éclimont

S'attarder sur un Scania R pourrait être considéré comme une entreprise risquée vu ce qui a été fait en tuning sur le modèle star de la marque au griffon. Laurent repousse quand même les limites de la personnalisation sur la base de prédilections d'*aficionados* du style Scania. Dans un premier temps intégralement peint dans un blanc pur, c'est par quel-

ques touches de rouge sang verni que Laurent étrenne son projet. En accord avec le style voulu, les motifs sur les côtés, peints dans un dégradé allant du rouge à l'orange, reprennent le griffon de la marque suédoise auquel sont ajoutées de discrètes ombres, ce qui a pour effet de faire ressortir le dessin. Les décorations à l'aérographe continuent avec des déchirures du même ton sur les carénages et le bas de la cabine. L'arrière, me direz-vous ? Il n'est pas oublié. Deux pistons inclinés symbolisent le V du moteur V8 500 ch. Pour un contraste efficace, le chrome et l'Inox sont absents de cette réalisation, exception faite des cache-écrous des roues. La partie accessoires est confiée aux mains expertes

d'ACM et Camac, sans oublier Laurent, qui réalisera lui-même la tôle de châssis striée et les tubes sous les carénages. Barre de toit, grilles, support de phares de calandre, visière, pare-chocs arrière et pare-perroquet, voilà les seuls artifices extérieurs choisis pour sortir du lot. Avouez qu'il n'en faut pas plus pour révéler pleinement les lignes du Scania. À l'ouverture des portes, le changement est radical. Plus une seule trace des plastiques ni des tissus d'origine. L'intérieur reprend les couleurs dominantes de l'extérieur, à savoir le blanc et le rouge, cuir et peinture s'associant dans un confort absolu. Propre dans son traitement, ce projet a été conçu pour une utilisation de tous les jours.

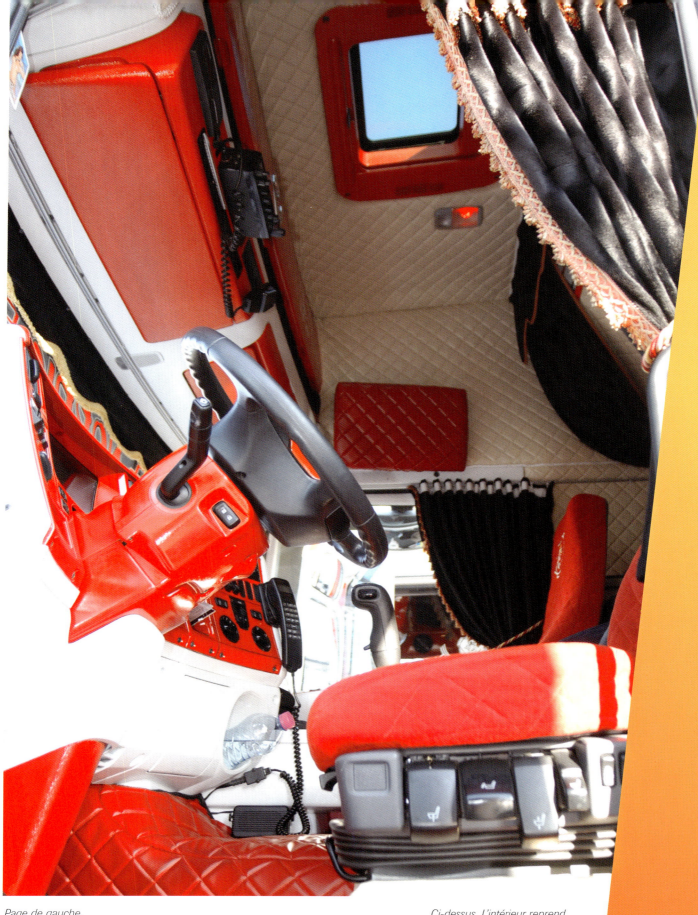

Page de gauche.
En haut. La décoration à l'arrière de la cabine rappelle que c'est un moteur V8.

En bas. Le traitement deux tons de la peinture offre
un petit côté néo-rétro au Scania.

Ci-dessus. L'intérieur reprend
le blanc et le rouge de l'extérieur.

Ci-dessus. La rehausse gagne :
une enseigne, une visière, une barre de toit
avec phares longue portée et gyrophares,
mais aussi deux Bibendum.

Au milieu à gauche. Grilles de calandre
peinte en rouge et pare-perroquet laqué blanc.

Au milieu à droite. Ce R 500 n'est que le reflet
de la tendance actuelle ; exit le chrome.

Ci-dessous. La tôle en alu strié
et les barres de carénages sont rouges
pour un meilleur contraste.

Page de droite.
En haut. Des feux de gabarit de remorque
sont ajoutés sur les tranches des déflecteurs.

En bas. Aucune pièce de chrome n'apparaît
sur ce projet… sauf les cache-écrous.

Scania T 500 ch

Patrick Chaud

Elle est loin l'époque où l'on faisait ses débuts dans la personnalisation en apposant des autocollants ! Pour ce Scania T topline, c'est un look radical et décalé qui use malgré tout d'accessoires au goût du jour. Nous ne pouvons qu'être admiratifs devant le travail accompli par Patrick, le chauffeur de ce Scania T 500. Pour une fois, ce camion n'a pas eu à passer entre les mains expertes d'accessoiristes renommés, non, la majorité des changements est l'œuvre de notre passionné. Le maître mot de ce projet : la créativité. Première étape, l'ajout d'éléments classiques comme des barres sous les carénages, une enseigne lumineuse "danoise", des Bibendum et des phares longue portée sur le toit. La nouveauté apparaît avec une lame de spoiler de Volvo FH, une visière en Inox avec pare-soleil intégré, des feux de gabarit dans les rétroviseurs, mais surtout de phares à leds posés un à un, la suppression de marchepieds dans le pare-chocs avant et des carénages de Scania retravaillés pour venir s'accorder à merveille sur la citerne. Celle-ci attire l'œil par sa surface chromée mise en valeur par la pose d'un pare-chocs et la peinture bordeaux aux deux extrémités de la remorque. Ce matériau recouvre aussi le châssis du camion et les jantes sur tout l'ensemble. Dès que l'on pénètre à l'intérieur, ce qui saute aux yeux, ce sont les sièges baquets. Le look compétition annonce la couleur et se poursuit avec le volant F1 et les tapis de sol en aluminium strié blanc. Les placards et la couchette déplacée au-dessus des sièges sont réalisés par Patrick. Les teintes extérieures sont reprises sous forme d'alcantara rouge et de cuir blanc. Concernant la qualité de finition et l'originalité, là encore, aucun souci. Le peintre Lionel Ferrero réalise une décoration tribale rose et bordeaux sur fond blanc nacré.

*La peinture trois tons et l'Inox
sont rois sur cette réalisation.*

En haut. Sobriété et fluidité pour la peinture,
originalité et abondance pour l'Inox et les lumières.

En bas à gauche.
Le capot rappelle que le cœur de la bête est un moteur V8.

En bas à droite. Les phares sont changés et des leds sont
ajoutées une à une, magnifiques. Notez les paupières de phares.

*En haut à droite. Une lame de spoiler
de Volvo FH rivetée sous le pare-chocs
suffit à abaisser visuellement le camion.*

*En haut à gauche. La tendance veut
que l'on ferme le châssis,
c'est chose faite avec cette tôle Inox.*

*En bas à gauche. Des feux prévus pour la
visière se retrouvent dans les rétroviseurs.*

*En bas à droite.
Les barres de carénages viennent
au même niveau que le pare-chocs avant.*

Des carénages de Scania sont utilisés pour embellir la citerne.

Un rappel de couleur bordeaux sur le pare-chocs type norvégien.

En haut, de gauche à droite. Innovation maximale avec ces sièges baquets recouverts de cuir et d'alcantara.

Les portes de placards sont remplacées par des modèles en aluminium strié.

Tableau de bord peint, tapis de sol en alu strié blanc, mais surtout volant F1.

Nous retrouvons le même pare-chocs que celui du tracteur sur la semi-remorque.

Ci-dessous.
Comme toujours, l'association teinte foncée et chrome fonctionne parfaitement.

Man TG 480 ch

Joël Louyer

Parmi les camions proposés sur la scène *custom truck* européenne, Man n'a pas la part belle. Pourtant, la marque au lion allemande propose de magnifiques études de style, dont le modèle TG. Joël a porté son choix sur l'un d'eux et le résultat final est à la hauteur de ses espérances. La sobre mutation esthétique commence par l'adaptation d'un pare-buffle Trux peint et la pose de quatre phares longue portée chromés. Le toit est en accord avec le reste puisqu'il se pare des mêmes optiques et de gyrophares installés sur une barre en Inox. La visière, quant à elle,

Jantes, pare-buffle, barres avec feux ne sont que les accessoires les plus voyants.

s'éclaire avec cinq lumières orange. Un coup d'œil furtif sur les flancs pour se rendre compte que seules des jantes Alcoa polies miroir et cinq feux de gabarit orange sont ajoutés sur les carénages. La poupe n'est pas épargnée : les indispensables pare-chocs chromés à feux ronds et tôles de châssis sont ajustés pour clore les éléments Inox du projet. Après les accessoires, le violet métal comme couleur de fond devient rapidement une évidence, puisque c'est la teinte préférée de Romane, la fille de Joël. La peinture à l'aérographe est confiée à deux novices, Sandy Lach et Ludovic Gommez, de l'école de peinture artistique de Nantes. Le thème du froid, avec ses teintes blanche

et bleue, s'accorde à merveille avec la couleur de la carrosserie. Nous pouvons apercevoir les animaux caractéristiques de ce climat : les ours polaires et les loups. L'atout de cette décoration, ce sont les trompe-l'œil. Les stalactites sur la face avant et sous les vitres latérales donnant un cachet particulier au Man. Parti de rien dix-sept ans plus tôt, rêvant de rouler sur le circuit Bugatti du Mans avec son propre camion décoré, Joël n'a cessé d'économiser sur ses Noël et ses anniversaires pour toucher son nirvana. Sans être avant-gardiste en matière de tendance et de nouveaux *feelings,* cette réalisation tient pourtant toutes ses promesses.

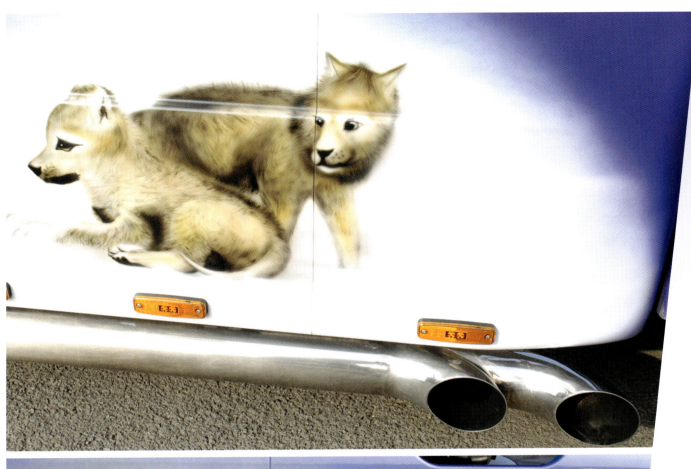

En haut. L'apport d'une déco sur l'arrière de la cabine termine le traitement à l'aérographe.
En bas. Le côté conducteur a droit, lui, aux trompes et à l'échappement latéral.

En haut, les trois photos.
Belles imitations de glace sous les
blocs de feux avant, les rétroviseurs,
et quoi de mieux qu'un ours blanc
comme symbole du Grand Nord.

Ci-contre à droite.
Le pare-chocs chromé ACM
lui va comme un gant.

Scania 143 420 ch

Kermit

Si ce Scania 143, peint en vert métal, est un petit bijou en matière de *custom truck,* c'est surtout pour ses détails. Spécialisé dans l'import-export de fleurs entre les Pays-Bas et l'Angleterre, le propriétaire a cependant insisté sur le nombre de pièces en Inox. L'avant se distingue d'abord par deux tôles lisses de chaque côté de la calandre et un pare-chocs de style américain. Sur celui-ci s'ajoutent huit phares longue portée, des mires de gabarit et neuf leds vertes. Nous remontons un petit peu pour constater que les tôles, les aérateurs et les tours de phares sont en Inox.

Là encore, de petites lumières vertes entourent la calandre. Au-dessus de l'enseigne siglée "Kermit IV", les feux "cigares" américains, les trompes et les gyrophares sont posés sur le toit. Sur les flancs, les accessoires sont judicieusement choisis. Pièces de choix, les rétroviseurs sont soudés à une tôle pour ne former qu'un seul élément. Le travail est superbe et l'on remarque à peine l'échappement côté conducteur. Inox toujours avec les sangles de réservoirs, les dessus d'ailes, les marchepieds et les barres de carénages. Afin d'harmoniser l'arrière avec le reste, un

monumental pare-chocs prend la place des blocs interfeux d'origine. À l'arrière de la cabine, un magnifique échappement "cathédrale" est installé à chaque extrémité d'une potence qui sert aussi de porte-flexibles. Pour parachever ce feu d'artifice d'Inox, des barrettes entourent les déflecteurs. Pas moins de trente et une leds rouges éclairent le tout. L'habitacle est cossu. Ici, le cuir beige et vert forêt est roi. Le tableau de bord, les panneaux de portes et le haut de pare-brise, eux, sont peints en beige et vernis. Des fonds de compteurs et un volant de Scania 141 finissent d'embellir ce nid douillet.

Le pare-chocs en Inox, les barres de carénages et les mires de cabine complètent l'équipement déjà bien fourni.

Ce Scania 143 fourmille de petites touches d'Inox poli, à vous de les trouver.

*Les supports sont passés
au bain de chromage.*

*La calandre a été bouchée
par deux tôles lisses.*

*Nos deux papys du Muppet Show
sont de la partie.*

À gauche, de haut en bas.
Les éléments en plastique
sont peints du même ton
que le cuir crème.

Intérieur cuir crème
et vert forêt rehaussé par
quelques touches de velours.

Ci-dessous.
Le réservoir passager remplit
la totalité de l'empattement.

La visière, les marchepieds
ne sont que deux
des innombrables accessoires
en Inox disséminés çà et là.

En haut. Feux sur le toit et pare-chocs à l'américaine, casquette chromée, le mariage Inox et vert foncé est parfait.

En bas à gauche. Des barrettes en Inox sont posées sur les déflecteurs de toit et de côté. Le réservoir est retenu par deux sangles en Inox.

Au milieu à droite. Les tours de phares sont aussi en Inox. Les huit feux longue portée disposent également de veilleuses vertes.

En bas à droite. Le réservoir conducteur avec marchepied et échappement intégré.

Scania T 500 ch

Élie Bourdiau

Souvent, lorsque naît un projet, plusieurs styles se mêlent pour arriver au résultat que vous avez sous les yeux. Sur le Scania T 500 ch, c'est l'esthétisme qui prime. Dans ce domaine, le fleuron de la marque suédoise est particulièrement bien servi. D'origine, les lignes de ce modèle sont suffisamment expressives. Néanmoins, une dose de *custom truck* permet toujours d'optimiser le look d'un camion. Après s'être essayé sur des camions à cabine avancée, Élie se lance donc sur un "museau". Habitué de la première heure des concours de camions en France, notre compère a suivi les tendances au fil des années. Depuis quelque temps déjà, l'inspiration scandinave s'est installée dans nos expositions. Commençons par le début, avec les coffres de rangement sur lesquels sont posées des barres avec leurs feux orange ; une tôle de châssis ainsi qu'un magnifique parechocs aux feux carrés blancs viennent finir l'arrière du Scania. Pour la cabine, une enseigne lumineuse trône en bonne place au-dessus du pare-brise, celui-ci est abaissé grâce à la pose d'une casquette sur mesure. Ici, pas de pare-buffle disgracieux à l'avant, quatre phares sont incrustés à même la calandre. Pour être bien vu sur les routes, Élie a branché une multitude de feux ici et là sur le bas et à l'arrière de la cabine. Pour les jantes, notre ami s'est orienté vers la peinture. Nous commençons à revoir ce type d'habillage des années 1980 dans les rassemblements en Europe. Le bleu de la carrosserie est assuré grâce à une référence du catalogue Scania. Élie conserve ainsi la couleur initiale de l'entreprise créée en 1965. Des petites touches de blanc viennent rehausser les marchepieds, les barres de carénages et les parechocs. Enfin, pour terminer ce superbe travail, des "boomerangs suédois" ont été apposés de chaque côté de la rehausse.

La suspension à air permet de poser le camion au sol. Radical !

En haut à gauche.
L'enseigne lumineuse accroît
l'intérêt de ce Scania.

En haut à droite.
L'inspiration vient peut-être
de l'adhésif collé sur le rétroviseur.

Ci-dessus :
La vie en bleu, c'est super !

Ci-contre à gauche.
La tôle en alu "grain de riz"
recouvre en totalité le châssis
et les carénages laissent entrevoir
des coffres de rangement.

Page de gauche.
En haut. Pour marquer l'originalité de cette préparation,
le sur-mesure bénéficie d'un large crédit.

À gauche, de haut en bas.
Les feux sous la cabine sont parfaitement intégrés.

La découpe de la barre de carénage
permet d'admirer l'échappement.

Un pare-chocs arrière prend place sur le haut de la cabine.

En bas à droite.
Marchepieds blancs pour ne pas dénaturer l'ensemble.

Page de droite.
Ci-dessus. Jantes en tôle peintes en bleu,
flèches danoises et enjoliveurs blancs.

En haut à droite. Enfin une alternative aux feux
rouge/orange, les feux blancs à ampoules colorées.

Au milieu à droite. Les barres de carénages
ne sont plus qu'à 12 cm du sol.

Ci-contre. Un troisième coffre de rangement
se trouve à la fin du châssis.

Volvo VN 780

S.T.H.

Choisir une base originale pour un projet s'apparente souvent à une quête difficile. Le Volvo VN 780 américain apparaît comme une évidence pour cette compagnie qui roule prioritairement en Volvo européen et souhaite rouler différemment. Pièce unique en Europe lors de son arrivée, cette bête de concours en puissance n'avait à première vue pas besoin de changements radicaux. Habitué depuis quelques années des concentrations de camions décorés en France, Patrick s'est laissé prendre au jeu de la surenchère d'accessoires et de décorations au fil du temps. Avant l'arrivée du VN dans la cour, c'est chez le spécialiste ACM qu'est équipé le tracteur. De nombreuses pièces n'existant pas, il fallut à la société belge réaliser les accessoires sur mesure. Disposés sur le tracteur, nous retrouvons : innombrables ailettes

d'Inox, barre de toit, double échappement à trois sorties, marche-pieds, pare-chocs à feux ronds, habillage des déflecteurs de côté et présence d'une barrette sous la visière. Seules "fantaisies" autorisées : la pose des initiales du patron avec des lumières électroluminescentes sur la calandre, et les somptueux feux "cigares" sur le toit. La solution pour avoir le *show truck* ultime est l'achat d'une remorque. Confiance est donc faite à Chéreau, le constructeur avranchinais, pour un modèle frigo. Pour une harmonie avec le tracteur, une place de choix est apportée à l'Inox. Au niveau de l'arrière, nous notons le bouchage et la pose de douze feux ronds à leds et de quatre feux carrés. Six enjoliveurs de roues finissent le travail. Vient ensuite le choix de la peinture. Celle-ci est confiée au peintre

local Franck Dierckx. Notre duo s'inspire des scènes du film *Borsalino* avec Alain Delon et Jean-Paul Belmondo. Impossible de passer à côté de l'intérieur. Une fois la porte ouverte, c'est une opulence de cuir et d'alcantara rouge qui vous saute aux yeux. Tout y passe, même le tableau de bord, le ciel de toit, les panneaux de portes et les placards sont recouverts. Les pièces ne pouvant être gainées sont peintes du ton extérieur. Comme pour tout camion américain, les équipements intérieurs sont affolants. On retrouve un système audio-vidéo haut de gamme, un réfrigérateur, un évier, un micro-ondes, un lit double. Tout en étant agressif, cet intérieur respire la classe. Cet ensemble, esthétiquement homogène et confortable, est en un mot… parfait !

L'alcantara rouge recouvre les deux banquettes de la couchette.

Le chrome fait toujours sensation sur ce camion américain de marque suédoise appartenant à une entreprise française.

Les nombreux placards sont en cuir rouge. Un écran LCD gâte les invités.

Le tableau de bord n'échappe pas au tout cuir.

En haut à droite. Les coffres à palettes offrent une belle surface à peindre pour terminer une décoration.

Au milieu à droite.
L'arrière de la remorque est entièrement recouvert d'Inox.

En haut à gauche. Les coffres à palettes reçoivent le nom du propriétaire.

Ci-dessous. Les voitures sont indissociables des films de gangsters.

Le Volvo paraît nettement plus bas grâce aux échappements et à la barre positionnée sous le pare-chocs.

L'installation de tôles d'Inox répond à un souci de belle intégration.

Page de gauche.
En haut à gauche. Les grandes surfaces des cabines américaines facilitent ce genre de décoration.

En haut à droite. Les spinnings wheels sont très en vogue outre-Atlantique.

Au milieu à droite. Marchepieds, échappements et tôles de supports de feux ne sont qu'un condensé des accessoires apparents sur le VN.

En bas. Les nombreuses pièces d'Inox proviennent du fabricant ACM.

Page de droite.
Ci-contre. Les feux d'origine sont superbement dessinés, quelques touches de chrome suffisent.

Ci-dessous. De petits feux à leds permettent d'inscrire les initiales du propriétaire sur la calandre.

En bas. Le pare-chocs avant, avec ses lamelles de chrome, rappelle la marque du camion.

Iveco Stralis 560 ch

Jean Bernard

Traitement audacieux pour ce Stralis d'Iveco ! C'est le modèle All black toutes options qui est choisi par la société Bernard et Dupire. Ces camions italiens, du groupe Fiat, ne sont pas représentatifs de la scène *custom truck* dans l'Hexagone, pourtant le potentiel est indiscutable… Voyez plutôt. Après une sortie de la concession avec une magnifique robe bleu marine et gris métal vernis recouvrant la totalité du camion, les équipements, sans être abondants, sont sélec-tionnés pour ne pas passer inaperçus. La rampe de six phares, installée chez Iveco, les indissociables trompes, les vitres teintées, la tôle de châssis striée donnent naissance à un pur produit inédit, mais un peu léger dans la transformation.

Ainsi, l'échappement libre incorporé dans les barres de carénages, la barre avec sa lame de spoiler, le coffre central arrière sur le pare-chocs "norvégien" avec les traditionnels feux carrés et, pièce unique, l'ajout d'une fine barrette en Inox sous la visière d'origine lui apportent un cachet particulier.

Ce n'est pas grand-chose, mais cette pièce change totalement la vision et donne un rendu "trapu" au pare-brise. L'intérieur est à l'unisson. La sobriété est de mise avec des sièges et des panneaux de portes en cuir noir satiné. Seuls quelques éléments de plastique sont peints couleur carrosserie. Cet Iveco confirme la règle : il y a du bon dans le tuning.

Le Nord n'a pas été épargné par le mouvement custom truck.

De haut en bas.
Un coffre de rangement est posé
à la fin du châssis.

Des barres placées sous les
carénages accentuent l'effet
"ras des pâquerettes".

Une barre en Inox entoure
le pare-chocs et les marchepieds.
Notez l'ajout de tôles sous la barre.

Page de gauche, de haut en bas.
Trop rare dans les concours,
l'Iveco Stralis.

L'échappement est allongé jusqu'à
la fin du carénage et une plaque en
aluminium strié recouvre le châssis.

Ci-dessus à gauche.
Le gris métal et le bleu marine vernis
sont totalement à l'opposé, mais c'est
cette différence qui fait son charme.

Ci-dessus à droite. Jantes Alcoa
chromées, trompes, il n'en faut pas
plus sur les côtés du Stralis.

Ci-contre. La visière est plus basse
grâce à une tôle en Inox et six phares
sont posés au-dessus de celle-ci.

Volvo FH 500 ch

Alain Marc

Le FH, camion bénin et sans intérêt ? Que nenni ! Le Volvo d'Alain Marc prouve que, lorsque l'on a des idées plein la tête, il peut devenir un objet de fascination, de culte, en proie à la magie de la personnalisation. Ici, les transformations dues à l'ajout d'accessoires en Inox ou d'artifices lumineux se limitent au strict minimum. Pour ne citer que les plus voyants : les jantes polies miroir, les carénages avec coffres intégrés Volvo sur mesure, mais aussi les deux barres posées en diagonale sur la calandre basse. Sur celles-ci, six phares de forme ovale sont ajoutés. Pour le choix du traitement à donner à son camion, notre propriétaire n'a pas fait dans la demi-mesure… C'est 100 % peinture. Le travail de titan qu'a réalisé le peintre surdoué Lorent débouchera sur l'un des porteurs les plus aboutis jamais vus. Les photos parlent d'elles-mêmes. Le thème choisi : les animaux, mais surtout les bœufs. Alain voulait par cette fresque monumentale rendre hommage à la noblesse de ces bêtes de travail. Le côté passager débute avec un vieux paysan, se poursuit par deux bovins tirant une charrette et se termine avec deux moutons protégés par un chien de berger. L'arrière de la bétaillère n'aura pas demandé qu'un simple coup de peinture, loin de là, la décoration du hayon n'étant pas banale, avec entre autres les vérins peints. La fresque se poursuit par le côté conducteur avec, de l'arrière vers l'avant, des vaches ainsi qu'une jeune paysanne. Cette monumentale peinture l'est d'autant plus qu'elle n'était pas gagnée d'avance, la faute aux nombreuses

ouvertures sur la bétaillère, mais surtout au toit qui se lève et s'abaisse. Alain a préféré freiner l'artiste, car celui-ci voulait peindre l'intérieur de la bétaillère, mais également les rampes d'accès. Ce Volvo est sans nul doute une formidable carte de visite.

Avec un style à part entière,
ce FH suit la théorie du "juste ce qu'il faut".

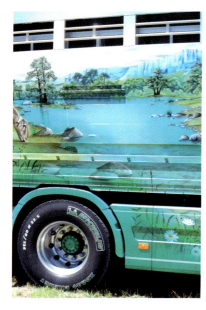

Ci-dessus. Les carénages,
les ailes, les moyeux et même
les pneus sont turquoise.

Ci-contre. Les tours de phares sont
chromés et les feux longue portée
supportés par une barre peinte.

Ci-dessous. Une présence féminine
domine le côté gauche de la cabine.

Page de gauche.
En haut à gauche. Sur le flanc droit de la
cabine, un berger veille sur la route.

À droite de haut en bas.
Finition hallucinante sur la bétaillère ;
les animaux sont plus vrais que nature.

En bas. Les feux arrière sont doublés
et les six jantes sont chromées.

Ci-dessus.
La calandre est délimitée par un tour en Inox.

En haut à droite.
Le haut de la bétaillère se lève
et la personnalisation continue avec des branchages.

Au milieu à droite.
Les rongeurs ont eux aussi leur place sur ce Volvo.

Ci-contre.
L'arrière de la bétaillère, pourvu
d'une rampe de chargement, est entièrement décoré.

Page de gauche.
En haut. Il ne manque qu'un intérieur haute couture
à ce porteur d'exception.

En bas à gauche.
Le détail du carénage arrière droit plaît
beaucoup aux enfants.
Normal, il a été réalisé pour eux.

En bas à droite.
Les vérins de la rampe
sont superbement intégrés
puisque peints.

Volvo FH 500 ch

Laurent Boissinot

Mais jusqu'où iront-ils ? Les amateurs placent chaque fois la barre un peu plus haut. Laurent ne déroge pas à la règle puisque, après s'être essayé sur le modèle précédent de chez Volvo, il s'associe avec les mêmes protagonistes : FC promotion pour l'équipement et Lorent pour la peinture. Laurent est pleinement satisfait de l'accueil réservé à son premier camion ; le choix de chiens boxers et de pin-up lascives tombait donc sous le sens. Le blanc de la carrosserie est conservé. Seules de subtiles teintes pastel abricot et pêche servent à éviter une certaine monotonie. Le tout est ensuite recouvert d'un vernis nacré métal avantageux. Pour le choix des filles, ce sont des inconnues ou non qui sont sélectionnées. Les différentes postures des chiens représentent quelques moments de la vie de la chienne de Laurent.

Grâce à sa mise en peinture, le pare-buffle modèle Highway et les quatre Luminator chromés se fondent sensiblement dans le gabarit du Volvo. D'autres éléments prépondérants au niveau de l'apparence esthétique apportent une touche indéniable au look du camion. Le pare-chocs chromé, les tours de calandre et de phares, les marchepieds, la barre haute associée aux classiques phares longue portée, gyrophares et trompes mettent une touche d'agressivité bienvenue sur la face du FH. De réelles différences naissent aussi sur les côtés. Ainsi, les jantes aux moyeux peints, les barres rondes sous les carénages et les barrettes Inox derrière les déflecteurs s'accordent à merveille avec le projet. Facilitant la fermeture de l'arrière du tracteur, nous trouvons un pare-chocs agressif à souhait, accentué par les incon-

tournables feux carrés. Sur le châssis, seul un porte-flexibles en Inox permet d'obstruer la vision directe du moteur. L'aménagement de l'habitacle est à l'unisson. Les parois sont superbes avec l'alcantara abricot qui éclaircit l'intérieur. De petites touches de peinture parsèment le tableau de bord pour être en accord avec le travail de sellerie. Le raffinement du détail ne nuit pas à la sobre élégance de l'ensemble.

Ci-dessous. Pare-buffle,
pare-chocs chromé, barre haute,
jantes et barres de carénages,
les accessoires principaux
sont bien choisis.

Page de droite.
En haut. Volvo et Lorent : deux noms
intimement liés depuis quelque temps.

En bas. La fierté du propriétaire,
sa chienne boxer, ici mise en valeur
à plusieurs moments de sa vie.

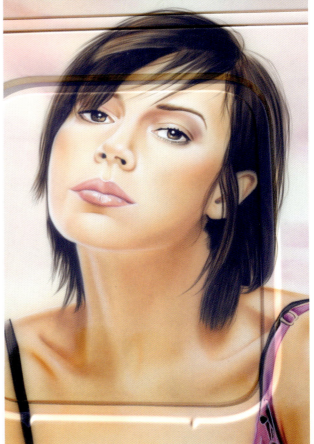

En haut à gauche. Intégration parfaite pour ces déflecteurs de caisse.

*En haut, à droite. Alyssa Milano est à l'honneur
sur le côté gauche du FH.*

Ci-contre. Des Luminator chromés sont posés derrière le pare-buffle.

*Ci-dessus. Le porte-flexibles cache avantageusement
les entrailles du Volvo.*

*Page de droite.
En haut. Le pare-chocs "norvégien" arbore des feux carrés,
mais aussi la teinte de carrosserie.*

*En bas à gauche. Moyeux peints, gyrophares et vitres teintées
complètent la panoplie des accessoires.*

*En bas à droite. Tous les éléments plastique, comme les ailes,
les carénages, sont peints en blanc nacré.*

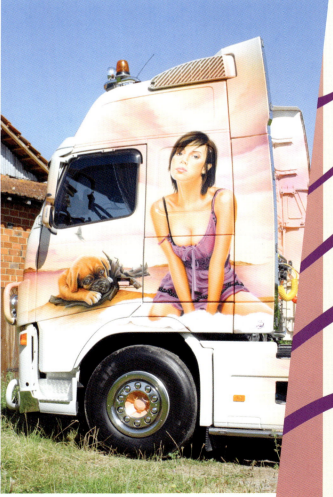

Zooms et tendances

Une alternative au capitonnage : la mise en peinture des éléments plastique.

L'originalité, la diversité ou l'insolite dominent les concentrations européennes. Quel que soit le budget alloué à un projet, la principale motivation de tout possesseur de camion, c'est de sortir du lot. À travers ces photos, les personnes hésitant sur tel ou tel accessoire à monter sur leur camion pourront projeter leurs idées, avec un peu d'imagination, et trouver une orientation pour leur réalisation.

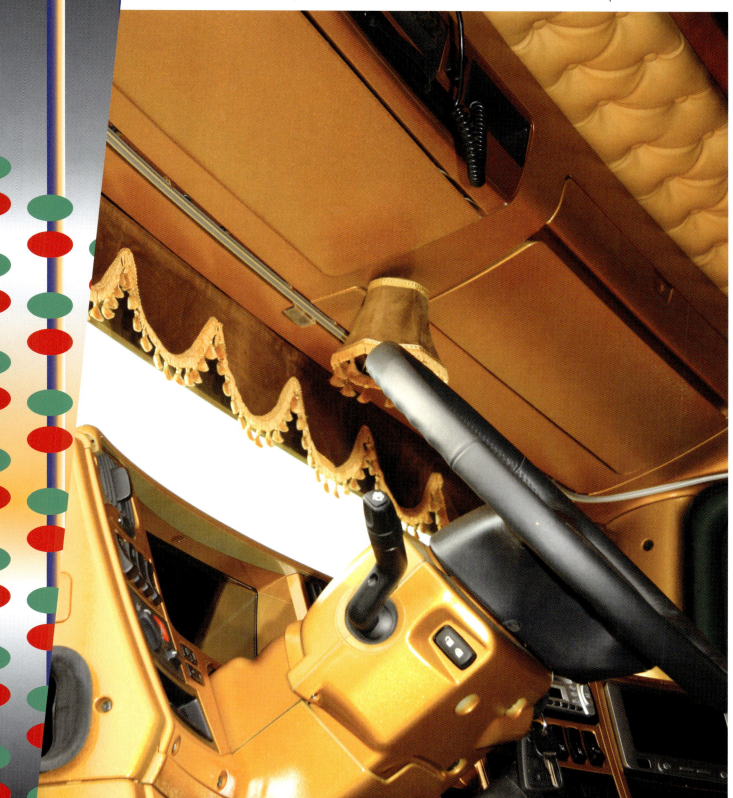

Un "simple" morceau d'Inox autocollant modernise ce pare-chocs.

Les flèches danoises, un best-seller de la personnalisation.

Les capots de camion disposent d'une belle surface à peindre, ici, l'emblème de Scania.

Minuscules feux longue portée magnifiquement incorporés dans cette visière sur mesure.

À vous de trouver le support de cette décoration. Un indice se trouve dans l'œil gauche.

Ce logo V8 britannique annonce la couleur.

De gauche à droite.
Le porte-canettes accroché au rétroviseur,
un accessoire très en vogue dans les années 1980-1990.

Les bandes sur les côtés de la remorque continuent
sur les portes pour plus d'homogénéité.

Les coins de cabine permettent de petites fantaisies à l'aérographe.

Feu de recul et bouchon de réservoir personnalisés.

Superbe mariage du cuir crème, de l'alcantara havane et de la peinture crème et café au lait.

Ci-dessus de droite à gauche. Porte-flexibles sur mesure et tôle en aluminium strié peint dans le ton de la carrosserie.

Page de gauche et page de droite, en haut. C'est indéniable, que ce soit une déco, un logo ou un bouchon de réservoir, ils donnent une note personnelle au camion.

Page de gauche, au milieu. Les indémodables "flaming" s'emparent du mouvement custom truck.

Page de gauche, en bas. Les coffres de rangement de ce Scania reprennent les motifs linéaires extérieurs.

De haut en bas et de gauche à droite.
Les couvre-sellettes sont décidément à la mode en ce moment.
Celui-ci est orné de la BMW Z8 de l'agent 007 et des superbes jambes
d'une James Bond girl. Juste devant, est représentée
la Ferrari 308 GTS de Magnum.

Très gros travail sur ce pare-chocs batave fait sur mesure.

L'adhésif, un moyen simple de personnalisation, avec, ici,
le Schtroumpf à lunettes tendant une oreille attentive au son du moteur.

Quadruple sortie d'échappement sur ces hauts de carénages.
Gros travail d'adaptation en perspective.

Le griffon, emblème de la marque Scania, maintenant devenu mythique.

Page de droite.
En haut. Subtile association de cuir et d'alcantara.
Notez les leds orange remplaçant les boutons de capitonnage.

En bas à gauche. Les possesseurs de camion rivalisent
d'ingéniosité pour "sortir" l'accessoire qui fera la différence.

En bas à droite.
Le porte-flexibles de ce Scania affiche la couleur, c'est un V8.

Trust your instinct ...

Peterbilt 379 550 ch

Tom et Kim Turner

Devons-nous investir des sommes astronomiques dans notre camion ? Étrange question. Néanmoins, Tom et Kim Turner ne sont pas du genre à se la poser très longtemps. El Dorado, c'est le nom de baptême de ce fantastique Peterbilt 379 de 1995. Le seul but de notre couple était de figurer avec un certain brio à la grand-messe annuelle du *Mid America Trucking Show* de Louisville dans le Kentucky. Le moins que l'on puisse dire, c'est qu'ils n'auront pas fait le déplacement pour rien. Tous les titres majeurs leur sont revenus, plus beau camion de la marque, intérieur, et surtout *best of show*. Ce Pete de 9 m de long, acheté d'occasion en décembre 2003, est l'aboutissement de leur rêve. Après quelques hésitations normales, les couleurs sont choisies. Ce sera crème verni et chocolat métal, les deux teintes

étant séparées par un subtil filet en feuille d'or dix-huit carats. Pour la raison sociale, la feuille d'or est également utilisée avec goût. Les accessoires : un seul mot, chrome. Ce matériau, indissociable de la culture roulante aux États-Unis, règne en maître sur le projet des Turner. Tout y passe : camion, intérieur, remorque et moteur. Ce dernier, un Caterpillar 3406E de 550 ch, est rutilant. Approchons-nous un petit peu pour admirer les détails. Les vis sont toutes recouvertes de véritables douilles de fusil, quatre cents feux sont posés avec harmonie sur l'ensemble, de fausses roues de chariot viennent embellir les béquilles, le plateau de la remorque est recouvert de grip antidérapant peint du même marron que la caisse, six superbes ailes viennent "vieillir" le tracteur, des coffres de rangement chro-

més sont posés à l'arrière de la cabine ainsi que sous la semi, et ce ne sont que les détails les plus visibles. Passant un temps non négligeable derrière son volant, Tom a voulu que son habitacle soit d'inspiration très "western". Les coloris extérieurs sont donc repris pour le poste de conduite et le *sleeper.* Les sièges, les coffres de rangement, le couvre-lit et quelques petits éléments sont recouverts de similicuir marron. Cet ensemble sculptural parcourt tous les jours les *highways* américaines. En roulant pour la compagnie Southern Pride, Thomas et Kim ont atteint la Terre promise. La société californienne spécialisée dans l'acheminement d'équipements d'aviation de plusieurs millions de dollars ne pouvait ignorer la formidable carte de visite que pouvait représenter un ensemble de cette envergure.

Le chrome est présent sur la calandre, le pare-chocs et la casquette.

Page de droite, en haut. Très belle longueur pour ce Pete 379 de 1995.

Page de droite, en bas. Le surnom du camion est inscrit sur le déflecteur.

En haut. Le filet de séparation
et les marquages sont en feuille d'or
dix-huit carats.

Au milieu de gauche à droite.
Le grip sur la remorque est du même marron
que le tracteur.

Le dessous de la semi est repeint en beige
pour une meilleure harmonie.

Pneus peints en or et similicuir sur les ailes WTI.

Ci-contre. À l'intérieur,
peinture marron et beige et similicuir marron.

Page de droite.
En haut à gauche. Les coffres de rangement
sont très utiles sur un camion plateau.

En haut à droite. De fausses roues de chariot
viennent embellir les béquilles de la remorque.

En bas. Un 379 by night.

Ci-dessus.
Un sleeper de la marque ICT.

Ci-contre. L'intérieur des pots
d'échappement est peint en beige.

Au milieu à droite.
Les filtres à air et l'air conditionné
reçoivent aussi leur dose de peinture.

Ci-dessous. Du beau matériel pour
transporter des éléments d'aviation.

Page de gauche.
En haut. Du bois est posé sur le sol
ainsi que sur le tableau de bord.

Au milieu.
Le moteur est repeint en or ; notez
aussi les pièces recouvertes de simili.

En bas. De nombreux coffres
de rangement sont disposés
de chaque côté du plateau.

International Prostar 550 ch

Jason Carello

Comme cela arrive souvent, le choix de la base à tuner est primordial. Jason Carello, chanceux vendeur de véhicules d'occasion de trente-deux ans, jette son dévolu sur cet International Prostar. L'expression "base de

travail" est d'ailleurs particulièrement approprié ici puisque, pour Jason, "l'Inter" se doit d'assumer son rôle d'objet de plaisir, mais aussi celui d'utilitaire, car ce camion tracte seulement son bateau pour les loisirs du week-end. Le camion, comme vous le voyez sur les photos, est en configuration de show. La garde au sol n'est que de 8 cm entre la partie la plus basse du véhicule et le bitume. Cet effet de sol est dû à la suspension pneumatique. Détaillons l'avant. Pour le pare-chocs, le capot et la calandre, peu d'accessoires viennent enjoliver la face. Seuls deux petits phares longue portée sont posés dans les orifices vacants du pare-chocs d'origine. Le premier véritable changement esthétique intervient avec la mise en peinture de la calandre et des phares. Le soleil n'envahit pas trop l'habitacle grâce à la visière sur mesure de 30 cm. Sur les côtés, c'est la peinture qui se remarque au premier coup d'œil. Cette

réalisation à l'aérographe, faite de flammes ton sur ton, mais aussi de déchirures et de superpositions de teintes, aura nécessité trois mois de travail. Notez les apparts également "voyants", les jantes sur mesure, les ailes WTI remodelées et la longueur du châssis plus vraiment d'origine. En ce qui concerne la partie arrière, celle-ci nous gratifie d'une étude de style particulièrement poussée avec la réalisation d'une tôle lisse sur la totalité de la paroi, de tubes cathédrales partant du plus bas possible, d'un bouclier abritant les feux de position, mais aussi la boule d'attelage cachée derrière une trappe escamotable. L'accession à l'intérieur se fait après avoir ouvert les portes Lamborghini. Dans l'habitacle, le traitement effectué s'accorde parfaitement au reste du projet, c'est le sur-mesure qui domine. Le cuir gris recouvre tout. Pour les plastiques, un rappel de la couleur extérieure est apposé sous la forme de peinture. Du matériel Kicker pour les enceintes et les *subwoofers*, mais aussi un écran LCD Sharp terminent l'équipement intérieur. Rien à dire, un projet concrétisé par une réalisation aboutie et exécuté avec brio.

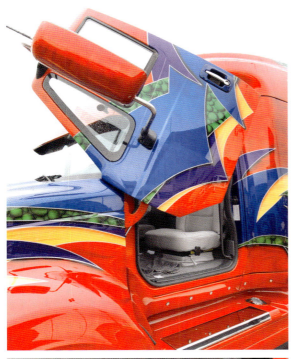

Ci-dessus. En configuration de show, l'International est très près du sol.

Ci-contre à droite. Le nom du camion apparaît sur la tôle de châssis suivant l'angle de vision.

Page de gauche.
En haut. Le lit est remplacé par une banquette sur mesure.

En bas. Un écran LCD entouré par une abondance d'enceintes Kicker.

*Ci-dessus. Une tôle lisse cache
avantageusement la paroi arrière.*

*Ci-contre. Le rendu exceptionnel
de la peinture est dû aux sept
couches de vernis diamant.*

*Ci-dessous. L'arbre de transmission
est jaune et un pare-chocs
est placé devant les ailes.*

*Page de gauche.
En haut. La casquette de pare-brise
est réalisée sur mesure.*

*En bas. La calandre est peinte pour
un meilleur rendu.*

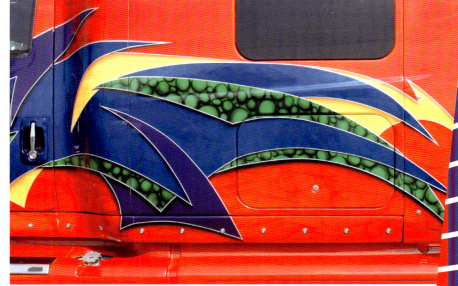

Peterbilt 379 750 ch

Terry Wier Jr

Il n'est pas rare de voir des projets *old school* dans les concentrations aux États-Unis. En suivant cette mode, notre Peterfan se lance dans la réalisation d'un *working show truck* sur une base de Peterbilt 379. À l'avant, un énorme pare-chocs remplace le modèle d'origine, il est vrai nettement moins imposant. La suite des transformations de la face annonce clairement la couleur : changement de la calandre, phares qui descendent dans le pare-chocs. Le style indémodable de ce 379 reste d'inspiration années 1950. La recherche de fluidité passe inévitablement par la suppression des poignées sur les portes de la couchette et de la cabine, qui sont de plus inversées (c'est-à-dire suicide, ou face à la route). Une plaque en alu peinte est ajoutée sur le haut des glaces pour accentuer encore le côté trapu de l'engin. Du haut au bas de la vitre, il ne reste que 30 cm. Impossible de "dropper un camion" sans réduire aussi les rétroviseurs ; ils sont donc remplacés par des modèles un tiers moins hauts. Une visière "suicide" complète les accessoires extérieurs pour cette partie du Pete. La couchette amplifie la touche d'agressivité également recherchée. Outre l'abaissement du toit, une vitre d'inspiration très années 1950 est posée sur le modèle ovale Volkswagen Coccinelle de 1955. Le châssis est également sobre. Le look épuré est total avec un lissage complet. Plus un seul trou ou rivet n'est visible, hallucinant ! La partie arrière revendique également une forte tendance *hot rodding*, avec une paire d'ailes *custom* retravaillées pour atterrir au ras du sol. Le pare-chocs se distingue par la pose d'une barre en Inox, simple mais efficace. La culture *hot rod* se voulant différente, la peinture est d'un magnifique noir satiné. Quelques arabesques sur le châssis et la cabine parachèvent la déco. Pas de transformations radicales dans l'habitacle, juste du bon goût, avec notamment une sellerie intégrale noir et rouge. L'équipement hi-fi se compose d'un écran LCD de 66 cm et d'un système home cinéma haut de gamme, sans oublier les accessoires chromés habituels, volant, manomètres, pédales.

Page de droite.
En haut à gauche. Détail osé à l'intérieur de la visière.

En haut à droite. L'intérieur reprend les couleurs extérieures, rouge, noir et blanc pour le chrome.

En bas. Le droppage du toit est impressionnant.

Ci-dessous.
Le véritable esprit hot rod.

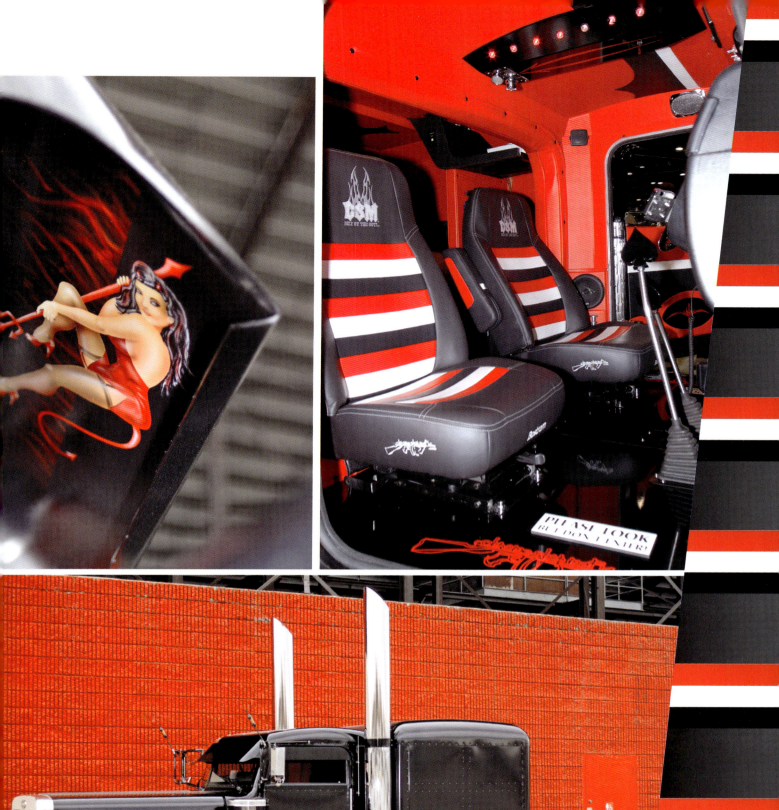

En haut à gauche.
Les portes sont inversées et les poignées ont disparu.

En haut à droite. Le châssis est entièrement lissé.

En bas à gauche. Les rétroviseurs aussi ont raccourci.

En bas à droite. La visibilité est réduite à son strict minimum.

En haut. Les ailes sont plus massives que sur le modèle d'origine.

Au milieu à gauche.
Les échappements de 220 mm,
le pare-chocs et les ailes ne sont que
le début d'une longue personnalisation.

Au milieu à droite. Les ailes arrière sont retravaillées pour venir raser le bitume.

En bas à gauche.
Une vitre ovale d'inspiration
Coccinelle des années 1950
prend place derrière la couchette.

En bas à droite. Une tôle entre les ailes arrière ferme l'accès au double pont.

Peterbilt 359 500 ch

First Enterprises

Day-cab ou bien *flat bed,* le Peterbilt 359 a toujours séduit par son caractère et son look inimitables. Cependant, Randy Stroup, le boss de First Enterprises, n'a pas pu en rester là, et s'est autorisé la création d'un modèle inédit. Sans être exubérantes, les modifications s'avèrent tout de même très poussées, et vous noterez une somme impressionnante de pièces de provenances très diverses. D'une teinte mandarine et rouge candy, la carrosserie a un rendu global classique fourmillant de détails insolites. Après un démontage complet du camion, moteur compris, le changement du châssis pour un autre plus long de 1 m totalement rebouché, le tout est peint avec une vague, logo de l'entreprise. Le remontage avec changement de la boulonnerie et de la visserie, à présent chromées, peut alors commencer. Les hostilités débutent par le changement de la calandre, la pose d'un imposant pare-chocs et de phares de voitures des années 1950. Sur les flancs, les ailes avant sont entièrement retravaillées pour devenir uniques. Les filtres à air, les marchepieds, les réservoirs sont remplacés par des modèles plus dans la mouvance actuelle. La transformation la plus difficile pour la cabine fut de remplacer les deux vitres des portes par une seule vitre, mais aussi d'abaisser le poste de conduite et la couchette de 10 cm. Pour l'arrière, les ailes *cool components* sont allongées pour venir plus près du sol. Deux pare-chocs identiques se logent à l'avant et à l'arrière des ailes. Les lames de ressort, les amortisseurs de cabine et la sellette sont à présents chromés. Le moteur subit également son lot de transformations : changement de toutes les pièces qui pouvaient être chromées, turbo, alternateur, raccords, visserie, etc. Les Durit sont toutes remplacées par des modèles de l'aviation. Un camion de cette envergure ne pouvait se passer d'un intérieur de grande classe. Seuls les sièges et la couchette sont recouverts de cuir. Le reste est fait de matériaux composites et de tôles peintes dans le même esprit que la peinture extérieure. Les accessoires chromés ? Le volant type jante de vélo, les pédales, les cadrans de compteur et le levier de vitesse. Évidemment, ce ne sont pas les seules pièces chromées de l'habitacle, mais les détailler serait bien trop long. Le Peterbilt de Randy suscite l'admiration, et c'est justifié.

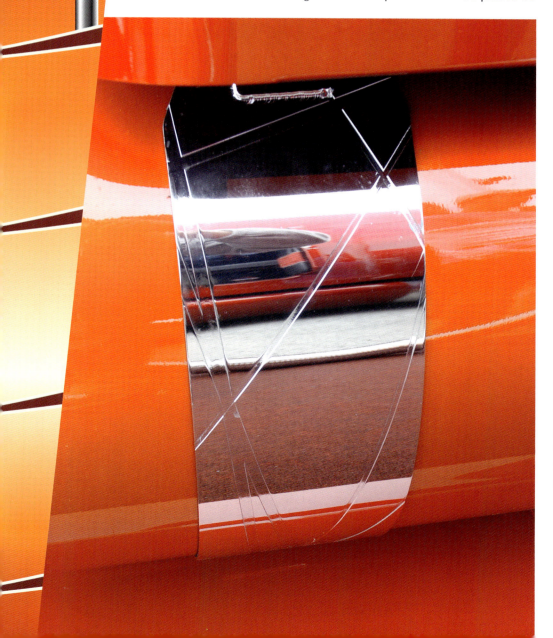

Les sangles de réservoirs reprennent le dessin de la carrosserie.

En haut. La restauration des véhicules anciens, ici un Peterbilt de 1986, est monnaie courante aux États-Unis.

En bas à gauche. Les coffres à batterie, servant également de marchepieds, sont réalisés sur mesure.

En bas à droite. La découpe du pare-chocs arrière aura nécessité quelques modifications.

En haut. Les filtres à air sont lissés et le raccord au moteur est peint.

Au milieu. Le moteur n'est pas oublié avec Durit aviation, barres torsadées, filtres à air de moto, etc.

En bas. Les lames de ressort sont maintenant chromées.

Page de droite. Pour l'habitacle, priorité à la peinture, dans un traitement identique à l'extérieur.

Page de gauche.
En haut. La sellette est tout adaptée au projet.

En bas à gauche. Des vieux phares de voitures remplacent ceux d'origine.

En bas à droite. La peinture mandarine et rouge candy prend tout son sens au soleil.

Ci-dessus en haut. Les ailes sont retravaillées pour venir plus bas.

Ci-dessus.
Pour fermer l'espace entre les réservoirs, une tôle avec quatre feux blancs.

Au milieu à droite.
Le même pare-chocs qu'à l'arrière est posé devant les ailes.

Ci-contre. Les suspensions de cabine sont chromées.

Kenworth W 900 A
K and L Chrome Shop

Avec ses modifications ultra-radicales, le Ken W900 de K and L Chrome Shop ne fait pas les choses à moitié. Il suffit d'observer le travail effectué de plus près pour se rendre compte qu'il y a de la graine d'artiste là-dessous. De la déco de la carrosserie jusqu'à l'habitacle et à son lot de transformations dans le plus pur style *custom,* on passerait effectivement des heures à détailler l'ensemble ! Passons-y un petit peu de temps quand même. Commençons par l'extérieur. La transformation la plus visible est l'effet de sol "ras des pâquerettes". Viennent ensuite la suppression de toutes les poignées de portes, l'inversion de celles-ci et la longueur du tracteur. Les changements moins "visibles" : les phares de l'autre marque du groupe, le Pete 379, les innombrables accessoires en Inox ou chrome et les trente-quatre (!) feux à l'arrière du tracteur. Les

hot rods symbolisaient la course. À l'intérieur de notre Kenworth, l'esprit compétition est omniprésent avec les sièges et harnais, le tableau de bord en alu anodisé bleu, les diverses jauges d'huile, d'air et turbo. Pour rester dans le monde *fifty's,* la sono en place est bien équilibrée. Source Kenwood associée à une pléthore d'enceintes et *subwoofers* de la même enseigne. Poursuivons à l'intérieur : cuir noir associé à du velours gris souris. Pour ajouter un petit peu plus de chrome, des cache-boutons argentés sont posés en lieu et place de ceux d'origine. Pour les accessoiristes de ce côté-ci de l'Atlantique, c'est à copier sans délai, car, vous l'aurez compris, ce mille-pattes de près de 9 m ne roule qu'à des fins promotionnelles. Notre fine équipe voulait du tape-à-l'œil, c'est réussi. On aime ou pas, mais au final, l'ensemble tient plutôt bien la route.

À gauche. Des marchepieds remplissent l'empattement, la visière tombe parfaitement et le châssis est recouvert de chrome.

En haut. Les ailes sont lissées et les phares empruntés au Peterbilt 379.

Ci-contre à droite. L'effet de sol de ce W900 est tout simplement démentiel, 4 cm seulement séparent le pare-chocs du bitume.

Tout à droite. Pour "casser" un peu ce chrome, le réservoir est peint en bleu. Notez les trente-quatre feux ronds derrière la couchette.

Ci-contre.
Suppression de toutes les poignées
de portes sur ce Kenworth.

En haut. Alu, cuir, velours, chrome,
l'intérieur du camion de show type.

Ci-dessus. Le chrome et l'alu ressortent
à merveille sur les couleurs foncées.

Page de droite.
En haut. Des néons sont posés sur les
parties basses du W900. Contrairement
à ce qui se passe en France,
c'ela est toléré aux États-Unis.

En bas. Les portes suicides tendent
à se banaliser dans les expos nord-
américaines.

Peterbilt 379 475 ch

Bill et Marie Sandvik

Les projets californiens nous mettent régulièrement l'eau à la bouche. "La Californie ne déplace que ce qu'il y a de meilleur." Les Sandvik arborent cette devise. L'exotisme se traduit par une déco tout en fluidité et pléthore d'accessoires et d'éléments recouverts de chrome. Le phénomène commence par la face avant avec : le pare-chocs, la calandre, sans omettre les phares au look plus ancien et leur support. Pour les flancs, tout a été changé de l'avant du tracteur jusqu'à l'arrière. Les filtres à air, les coffres, les réservoirs, les échappements, mais aussi les rétroviseurs et leurs barres, les plaques avec feux sous la cabine et la couchette. Le look est pur, puisque les modèles posés sont lisses. Les jantes sont l'un des détails les plus marquants dans ce lifting. Elles sont maintenant réalisées sur mesure

pour tout l'ensemble. Le coût est astronomique, mais le résultat est là. Le pare-chocs arrière prend la forme d'un T inversé et le châssis est fermé par une tôle… lisse. L'habitacle est un travail d'orfèvre. Les Américains ont pour habitude de réaliser des intérieurs de folie. Celui-ci ne fait pas exception avec le sol en véritable marbre, les sièges et les cloisons recouverts de tissu californien crème, sans oublier le tableau de bord qui s'accorde à merveille avec ces deux matériaux puisqu'il est peint de couleur champagne métal. Pour les finitions, quelques touches d'Inox et de bois rehaussent le tout. Le capot basculé laisse entrevoir une autre pièce de choix de ce projet. Le moteur est démonté et repeint dans un violet métal profond et les touches de chrome disséminées çà et là ne font qu'accentuer le

contraste, le travail se terminant par l'ajout de gaines, de tissu et la mise en peinture des ailettes et du carter d'huile. Le châssis reçoit aussi sa touche de chrome avec les cache-écrous. La remorque aura requis une attention maximale. Le plateau est à l'origine en Inox brut. Si vous êtes petit, vous passerez à côté du spectacle, mais si la taille ne vous fait pas défaut, la vision est fabuleuse. Bill ne compte plus les heures passées à polir et polir encore. Pour "casser" un peu ce miroir, de grandes lattes de bois verni remplacent les planches d'origine. Histoire de ne pas laisser une sensation d'inachevé, les bords, le tablier, les montants et les renforts sont eux aussi polis miroir. La remorque, toute en sobriété, reçoit une multitude de *pinstrippings* et d'ailes WTI peintes dans le même esprit que le Peterbilt.

Ci-dessus. Des phares de modèle plus ancien remplacent ceux d'origine.

En haut à gauche. Les poignées de portes sont supprimées et les barres de rétroviseurs personnalisées.

Au milieu à gauche. Une caricature du boss vient embellir le dos de la couchette.

En bas à gauche. La décoration du capot n'est pas sans rappeler celle des flancs du camion.

Page de gauche. Particulièrement homogène, l'ensemble du projet, de bon goût, est mis en avant par un mélange de blanc pur et de bleu métal.

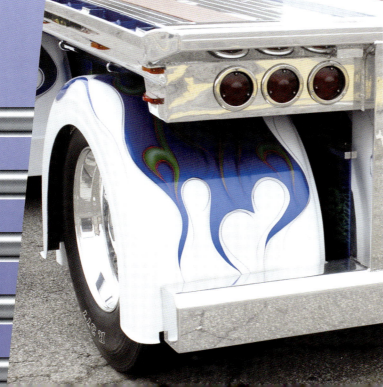

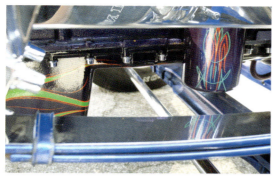

Ci-dessus de haut en bas.
La peinture reprend des formes tribales soulignées
par un filet orange incandescent.

Même le dessous du moteur est peint,
la déco rappellant celle de la carrosserie.

Le dessous de la remorque est recouvert de bleu métal.
Quelques pièces en Inox et des lumières finissent le travail.

En haut à droite. Sol en marbre, tableau de bord peint,
tissu californien, boiseries et Inox. L'intérieur idéal en somme.

Ci-contre à droite.
De nombreuses pièces d'Inox sont posées sur le moteur.

Page de gauche.
En haut. Le ventilateur du moteur est également peint.

En bas à gauche. Les ailes WTI et le pare-chocs
terminent parfaitement l'arrière de la semi.

En bas à droite. Les béquilles de la remorque
deviennent bleues et chrome.

Mack Superliner 850 ch

Gerald Kissinger

Toucher à un Mack, c'est effleurer un mythe. Sur ce modèle Superliner de 1991, les modifications de carrosserie ne laissent pas deviner tout le travail réalisé ! En effet, ici, les éléments restent "presque" d'origine car l'accent est mis sur la sobriété et la fluidité que peuvent apporter les accessoires. Le Mack est démonté, sablé, peint et remonté. Après ces quatre longues opérations, la pose des accessoires peut alors commencer. L'opération chrome à gogo commence par un bouclier en Inox. Un orifice à chaque extrémité permet de loger la plaque d'immatriculation et une autre plus personnelle. Les détails deviennent essentiels sur les côtés. On dénombre de multiples feux blancs, des tubes cathédrales coudés de 210 mm, une visière, une énorme plaque en Inox sur la cassure du toit de la couchette et les réservoirs peints avec des embouts en cuir noir satiné. L'empattement est bouché grâce aux coffres en alu strié placés après les réservoirs. Le double pont du tracteur est pourvu d'ailes lisses peintes de la même couleur que le châssis. Quelques discrets accessoires achèvent d'embellir notre Mack, comme une tôle de châssis, un véritable Klaxon de train et surtout les emblèmes dorés à l'or fin. Deux modifications sortent du commun et changent véritablement l'aspect général du tracteur. La première modification : l'allongement du châssis, avec tout ce que cela comporte de travail. Vous comprendrez plus loin le pourquoi d'un tel chambardement.

Seconde mutation esthétique, la couchette n'est pas d'origine, mais de conception artisanale, donc sur mesure. C'est la firme de l'État d'Indiana Double Eagle Industries qui a eu la lourde tâche de faire oublier le *sleeper* originel. Ce morceau de choix de 100 *inches* n'est pas banal sur un Mack. Revenons au capot. Le moteur dispose de quelques chevaux supplémentaires, puisque ce sont 300 ch qui sont ajoutés aux 550 d'origine. Ambiance classique à l'intérieur. Le sol est maintenant recouvert de parquet en pin verni, des touches d'alu strié ornent le tableau de bord et le cuir beige et café au lait décore les portes, le plafond, les sièges, les placages et les meubles dans la couchette.

Un volant chromé complète cette panoplie. La semi a l'avantage de proposer une surface importante pour qui veut réaliser une fresque. Les décorations à l'aérographe sont marginales aux États-Unis. Gerald voulant marquer son indépendance, il choisit un thème en impression numérique représentant le drapeau américain et deux mustangs. La catégorie accessoires, sans être spectaculaire, est en harmonie avec le tracteur. Les feux sont blancs, les ailes lisses et peintes, les réservoirs du groupe frigorifique sont chromés et le coffre est en alu strié.

Les logos Mack deviennent dorés.

Le mélange de couleur rouille métal et d'orange verni donne un côté rétro à ce Mack.

Il ne fait pas ses dix-huit ans, ce camion, pourtant il est bien de 1991.

En haut, de gauche à droite.
Tous les feux de l'ensemble sont blancs.

Des ailes en Inox, initialement prévues
pour les remorques, sont posées derrière
les roues avant du tracteur.

Les tubes d'échappement ont un
diamètre respectable, ils font 210 mm.

En bas à gauche. À l'intérieur,
une place de choix est réservée au bois,
au cuir café au lait et beige.

En bas à droite. Le pinstripping est
indémodable sur les camions américains.

Ci-dessus. Des barres en Inox ajoutées sous les réservoirs et les coffres abaissent convenablement le Mack.

Ci-contre. Une barre servant de pare-chocs est posée à la fin du châssis.

Ci-dessous. Plus de trois cent cinquante feux sont disséminés sur l'ensemble.

International 9900ix

Chris Beatty

International, voilà une marque peu répandue dans les réunions de beaux camions aux États-Unis, la majorité des possesseurs de *show truck* se tournant vers Peterbilt ou Kenworth. Chris Beatty estime qu'il faut casser cette suprématie. C'est pourquoi il choisit le modèle 9900ix d'International. Allons à l'essentiel. Pourvue d'origine d'une calandre et de l'entourage des phares chromés, la face ne demande pas de transformations radicales. Seules douze barres fines sont posées horizontalement sur la calandre en remplacement de celles d'origine. Le plus gros pare-chocs possible est utilisé pour venir lécher le bitume lorsque le camion est en position basse, puisque le camion dispose d'une suspension *air ride*. L'approximation est absente sur les flancs. L'abaissement de la cabine et de la couchette, de 10 cm, donne un aspect insolite au tracteur. Les accessoires, sans être nombreux, sont bien choisis. Citons les grands standards que sont la casquette suicide, les sangles de réservoirs et les couvre-batterie Inox. Les barres de rétroviseurs et les cuves à carburant, elles, sont peintes en vert pour une meilleure intégration. L'excès esthétique fait partie intégrante de tout projet d'envergure. Cela se remarque avec la pose de barres sous la couchette et le poste de conduite, mais aussi l'allongement des ailes avant ; chose rare, l'absence de feux de gabarit sur ce projet. L'arrière affiche ses prétentions avec une paire d'ailes WTI, un pare-chocs en T inversé avec feux blancs intégrés et une plaque de châssis en Inox pour cacher les organes tels que l'arbre de transmission. Pour la couleur, un habile mélange vert pastel et sombre recouvre le tout, châssis compris. De simples bouchons d'écrous se chargent de faire disparaître ces derniers. L'ambiance à bord : cuir pour les sièges, peinture pour la planche de bord, les panneaux de portes, mais surtout le sol, qui reprend le dessin extérieur. Quelques logiques touches de chrome ornent les pédales, les commandes de tableau de bord et le levier de vitesse démesuré. Une "petite" sono Kicker est présente, mais sans doute appelée à prendre de l'importance. Les canons stylistiques actuels et la culture *hot rod* ont incontestablement inspiré Chris. Rien de tel que le choc des cultures.

L'International 9900ix est une vraie réussite lorsque la préparation atteint ce niveau.

À gauche, de haut en bas.
Chose rare, le galbe du filtre à air
est ovale.

Des ailettes sont posées sur la calandre
et le pare-chocs est plus grand.

À droite, de haut en bas.
Le sol du poste de conduite
reprend la décoration extérieure.

Les bouchons de réservoirs
sont personnalisés.

Les poignées de coffres sont changées
pour des modèles plus design.

En haut. Peu de chrome
sur le camion, rien que du classique,
jantes, échappements, pare-chocs…

Au milieu à gauche.
Feux blancs pour rester
dans l'harmonie,
et bavettes en Inox.

Au milieu à droite.
Une tôle en Inox et des bouchons
d'écrous sont ajoutés sur le châssis.

En bas à gauche.
Une petite réalisation à l'aérographe
agrémente le dos de la couchette.

En bas à droite. Une personnalisation
simple et efficace.

En haut à gauche. Les cache-écrous en pointe sont agressifs à souhait.

En haut à droite. La décoration d'inspiration années 1980 casse un peu cette masse verte.

En bas. Les barres de rétroviseurs sont bien dissimulées puisqu'elles sont peintes.

Kenworth W900 L

Yvan Gaillard

Pour obtenir un style unique, deux choix s'offrent aux passionnés, novices ou confirmés : réaliser son propre projet ou acheter une réalisation déjà existante. Yvan a opté pour l'achat d'un ensemble aux États-Unis. Le rêve tant convoité apparaît sous ses yeux un jour de novembre à Las Vegas. Après trois jours de négociation avec le propriétaire, la transaction s'effectue pour 220 000 dollars, soit près de 150 000 euros. Ce modèle W900 L n'a plus de secret pour la famille Gaillard, puisque les Kenworth sont dans l'entreprise depuis… 1981. Entamons le détail du tracteur. L'imposant pare-chocs, la calandre modifiée par des ailettes, les phares cernés d'une tôle en Inox étrennent les changements. Mais c'est sans parler du travail effectué sur les flancs. Une overdose de chrome caractérisée par les filtres à air lisses, les échappements type cathédrale de 220 mm, sans oublier les leds blanches sous la cabine et la couchette, les réservoirs avec embouts en cuir mauve et les quatre marchepieds posés de chaque côtés des cuves à carburant. Sur le toit, quatorze feux à leds complètent la panoplie. Parallèlement, le châssis reçoit aussi ses transformations : des ailes lisses, et les classiques plaque et pare-chocs à feux blancs de fin de châssis. La partie arrière de la remorque n'en est pas moins intéressante avec des éléments là aussi surprenants. De gigantesques portes à effet miroir remplacent avantageusement celles d'origine. Elles sont en harmonie avec les côtés démesurés de la semi qui sont

aussi en Inox. Des ailes identiques à celles du tracteur sont posées sur les essieux en *spread axle*. Les réservoirs de gasoil prévus pour alimenter le frigo de la remorque sont, eux, ornés d'une protection en cuir mauve. Les béquilles et le dessous de la semi sont eux aussi peints en mauve métal. Si

l'extérieur de la bête est traité avec la plus haute estime, les entrailles n'en sont pas moins soignées. Sans parler de préparation coûteuse, il est de bon ton de peindre le moteur. C'est chose faite avec une magnifique teinte blanc nacré. Le moteur Detroit Diesel de 500 ch passe à 660 ch

grâce à une suralimentation. L'aménagement intérieur est en accord avec l'extérieur. L'Inox est roi. Le contour du toit ouvrant sur mesure, les incalculables boutons de cuir, les placards, les contours de cadrans, les commandes du tableau de bord ne sont que les accessoires les plus voyants.

Autre transformation d'importance, la séparation entre la couchette et le poste de conduite est agrandie sur le modèle de l'Aerocab. Pour les longues nuits d'hiver, TV, DVD, hi-fi au top, micro-ondes et réfrigérateur parachèvent le confort de l'habitacle.

L'ensemble n'est fait que de chrome et de mauve métal.

Ci-dessus. Le tableau de bord
est peint en gris pailleté
et les cadrans et leviers
de commande sont chromés.

À droite, de haut en bas.
Le toit ouvrant reçoit lui aussi
sa touche chromée.

Ci-contre.
Les placards sont recouverts
de chrome et l'ouverture
entre la couchette et le poste
de conduite est agrandie.

En bas.
Raison sociale à l'américaine.

Page de gauche.
En haut à gauche.
660 ch pour un Détroit diesel ?
Une suralimetation
est passée par là.

En haut à droite.
Les veilleuses tout en hauteur
sont superbes d'intégration
et d'élégance.

Au milieu à droite.
Les entourages de plaques
sont personnalisés
en aspect diamant.

En bas à gauche.
Les embouts de réservoirs
sont de la teinte du Kenworth.

En bas à droite.
Les portes, les crémones sont,
elles aussi, à effet miroir.

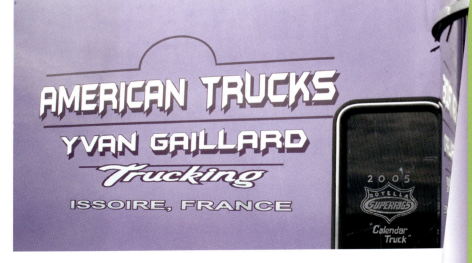

AMERICAN TRUCKS
YVAN GAILLARD
Trucking
ISSOIRE, FRANCE

2005
ROTELLA
SUPERRIGS
"Calendar Truck"

Ci-dessus.
En plus d'un abaissement
de 12 cm, les trois cent seize
feux blancs embellissent
cet ensemble d'exception.

Ci-contre.
La calandre est réduite en largeur
par deux barrettes
et les phares sont entourés
d'une tôle anti-gravillons chromée.

Page de droite.
En haut à gauche.
Les bavettes violettes finissent
d'abaisser les ailes.

En haut à droite.
Le groupe frigorifique
est lui aussi mauve,
notez toute la paroi en Inox.

Au milieu à gauche.
La devise des Gaillard :
"Ce n'est pas une revanche,
c'est une punition."

En bas. Le moteur est blanc nacré
et quelques touches de chrome
ornent celui-ci.

IT'S NOT REVENGE
IT'S PUNISHMENT

Remerciements

Aux chauffeurs et patrons qui se sont rendus disponibles pour les prises de vue,

à Francis Reyes qui m'a donné envie de faire cet ouvrage,

à Pascal Stich et Daniel Staquet du magazine *France Routes* pour leur soutien,

à Éric Sieben du magazine *10.4,*

à Patrick Pawluk et Ferdy de Martin pour leurs précieux conseils,

enfin, à mes amis Benoît, Cyril, Denis et Balou pour leur aide.

Crédits Photo

Toutes les photos ont été réalisées par l'auteur.